Gestión de archivos

Miguel Arribas del Pozo

Autor: Miguel Arribas del Pozo
Edición y maquetación: Ediciones Nobel, S. A.

Impresión: Cimapress (Arganda del Rey, Madrid)
ISBN: 978-84-283-4406-7
Depósito legal: M-31170-2019

Impreso en España

••• Títulos relacionados

ADGD0308 ACTIVIDADES DE GESTIÓN ADMINISTRATIVA
[DISPONIBLE CERTIFICADO COMPLETO]

MF0973_1	**Grabación de datos**	9788428398640
MF0978_2	**Gestión de archivos**	9788428344067
MF0979_2	**Gestión operativa de tesorería**	9788428397629
MF0980_2	**Gestión auxiliar de personal**	9788428398794
UF0349	**Atención al cliente en el proceso comercial**	9788428343862
UF0350	**Gestión administrativa del proceso comercial**	9788428327718
UF0351	**Aplicaciones informáticas de la gestión comercial**	9788428397933
UF0515	**Plan General de Contabilidad**	9788428340168
UF0516	**Aplicaciones informáticas de contabilidad**	9788428398039

MF0233_2 Ofimática:

UF0319 **Sistema operativo, búsqueda de la información: internet/intranet y correo electrónico:**

Windows 10, Outlook 2016 9788428396752

Windows 7, Outlook 2007 9788428332415

UF0320 **Aplicaciones informáticas de tratamiento de textos:**

Microsoft Word 2016 9788428396790

Microsoft Word 2007 9788428332422

UF0321 **Aplicaciones informáticas de hojas de cálculo:**

Microsoft Excel 2016 9788428396783

Microsoft Excel 2007 9788428332439

UF0322 **Aplicaciones informáticas de bases de datos relacionales:**

Microsoft Access 2007 9788428332446

Microsoft Access 2016 9788428396776

UF0323 **Aplicaciones informáticas para presentaciones gráficas de información:**

Microsoft PowerPoint 2007 9788428332453

Microsoft PowerPoint 2016 9788428396769

Autor

Miguel Arribas del Pozo es diplomado en Biblioteconomía y Documentación por la Universidad Carlos III de Madrid. Desde hace unos años viene desempeñando su labor profesional como bibliotecario, documentalista y digitalizador en distintas empresas.

Índice

Introducción normativa

La Ley Orgánica 5/2002, de 19 de junio, de las Cualificaciones y de la Formación Profesional fue el primer texto legislativo que reguló de forma exclusiva las enseñanzas profesionales en España. Una de sus novedades consistió en relacionar directamente la formación con el empleo, permitiendo las convalidaciones y equivalencias entre la Formación Profesional del sistema educativo, la Formación Profesional para el empleo, y experiencia laboral. Para poder desarrollar estas medidas se creó el Sistema Nacional de Cualificaciones Profesionales y dos instrumentos básicos: el Catálogo Nacional de Cualificaciones Profesionales y el Catálogo Modular de Formación Profesional.

Las Cualificaciones Profesionales responden a la iniciativa que impulsa el Marco Europeo de las Cualificaciones (EQF), para facilitar un espacio abierto de aprendizaje y de empleo, así como la adecuación entre oferta y demanda no solo a nivel estatal, sino entre los distintos países.

El Catálogo Nacional de Cualificaciones Profesionales ordena las cualificaciones profesionales, incluyendo el contenido de la formación profesional asociada a cada cualificación, de acuerdo con una estructura de módulos formativos articulados en un Catálogo Modular de Formación Profesional. Entre sus principales objetivos tiene el posibilitar la integración de las ofertas de formación profesional, adecuándolas a las características y demandas del sistema productivo.

Para conseguirlo, este Catálogo, además de identificar y definir las cualificaciones profesionales que requiere el sistema productivo, establece los contenidos formativos básicos que resultan necesarios para que las ofertas formativas garanticen la adquisición de las competencias profesionales apropiadas para el desempeño profesional.

Las Cualificaciones Profesionales se acreditan mediante "Títulos" de Formación Profesional del sistema educativo, y Certificados de Profesionalidad de Formación para el Empleo. Ambas acreditaciones tienen carácter oficial y son válidas en todo el Estado.

Los contenidos asociados a las cualificaciones profesionales constituyen el Catálogo Modular de Formación Profesional, que se estructura en módulos formativos.

Mediante la superación de los módulos formativos, diseñados en itinerarios específicos para cada Cualificación Profesional, se puede obtener el Certificado de Profesionalidad correspondiente. Además, se posibilita la convalidación de determinados módulos profesionales incluidos en los títulos de Formación Profesional del sistema educativo, asociados a Unidades de Competencia comunes.

El Certificado de Profesionalidad es, por tanto, el instrumento de acreditación, en el ámbito de la Administración laboral, de las cualificaciones profesionales incluidas en el Catálogo Nacional de Cualificaciones Profesionales, adquiridas a través de procesos formativos o mediante procedimientos de reconocimiento de competencias profesionales adquiridas por experiencia laboral o vías no formales de formación, regulados por el Real Decreto 1224/2009, de 17 de julio.

ESTRUCTURA DE UNA CUALIFICACIÓN

DATOS DE IDENTIFICACIÓN
Denominación
Nivel
Competencia general
Entorno profesional

UNIDADES DE COMPETENCIA		**FORMACIÓN ASOCIADA**
Unidad de competencia 1	⟷	Módulo formativo 1
Unidad de competencia 2	⟷	Módulo formativo 2
Unidad de competencia N	⟷	Módulo formativo N

Las cualificaciones profesionales se estructuran en unidades de competencia, que se definen como agrupaciones de tareas productivas específicas que debe realizar el profesional. Las diferentes unidades de competencia de un certificado de profesionalidad conforman la Competencia General, definiendo el conjunto de conocimientos y capacidades que permiten el ejercicio de una actividad profesional determinada.

Cada unidad de competencia lleva asociado un módulo formativo, donde se describe la formación necesaria para adquirir esa unidad de competencia, pudiendo dividirse en unidades formativas.

El módulo formativo es el bloque coherente de formación asociado a cada una de las unidades de competencia que configuran la cualificación. Cada módulo formativo tiene un formato normalizado que incluye los datos de identificación y las especificaciones de la formación que se incluyen en las ofertas formativas conducentes a la obtención de los certificados de profesionalidad.

DATOS DE IDENTIFICACIÓN:

— Denominaclón.
— Nivel de cualificación al que se vincula.
— Unidad de competencia a la que está asociado.
— Código alfanumérico y duración en horas.

ESPECIFICACIONES DE LA FORMACIÓN:

— Capacidades: expresión de los resultados esperados de las personas en situación de aprendizaje al finalizar el Módulo Formativo.

— Criterios de evaluación: conjunto de precisiones para cada capacidad que indican el grado de concreción aceptable de la misma. Delimitan el alcance y nivel de la capacidad y el contexto en el que va a ser evaluada.

— Contenidos formativos necesarios para adquirir las competencias a las que se asocia. Requisitos básicos del contexto formativo: espacios e instalaciones y perfil profesional del formador. Estos requisitos tienen carácter orientador para la normativa básica reguladora de las ofertas formativas.

El presente libro desarrolla el Módulo Formativo denominado "Gestión de archivos", MF0978_2.

Dicho módulo formativo es transversal y está asociado a la Unidad de Competencia UC0978_2: Gestionar el archivo en soporte convencional e informático, incluida en los Certificados de Profesionalidad denominados ADGG0208 Actividades administrativas en la relación con el cliente y ADGD0308 Actividades de gestión administrativa y de gestión en despachos y oficinas, ambos de la familia profesional de Administración y gestión.

Según el Real Decreto RD 1210/2009, de 17 de julio, modificado por el RD 645/2011, de 9 de mayo, los contenidos que en esta obra se recogen se corresponden con una formación de 60 horas de duración.

Tanto la estructura como el desarrollo del libro se ajustan al citado Real Decreto y más concretamente a los contenidos del Módulo Formativo MF0978_2 que le da título "Gestión de archivos".

CONTENIDOS

1. Gestión de archivos, públicos y privados.

— Aplicación de técnicas de archivo documental:

- Sistemas de clasificación y ordenación.
- Finalidad y objetivos.
- Índices de archivo: actualización.
- Aplicación de manuales de ayuda.
- Mejoras ante detección de problemas de organización.

— Procedimiento de registro y posterior archivo:

- Identificación de soportes, mobiliario, útiles, elementos de archivo y contenedores.
- Reproducción y cotejo de la información de archivo documental a digital.

— Procedimientos de acceso, búsqueda, consulta, recuperación, actualización, conservación y custodia de la información archivada.

— Funciones y características de los sistemas operativos y de archivo:

- Configuración de objetos en sistemas operativos. Forma de operar.
- Creación/nombramiento, copia y eliminación de archivos, carpetas, subcarpetas y otras.

— Técnicas de protección de accesos públicos y privados, en archivos convencionales e informáticos:

- Niveles de protección: determinación.
- Disposición de contraseñas y atributos de acceso.
- Autorizaciones de acceso o consulta, detección de errores en el procedimiento.

— Aplicación de procedimientos de seguridad y confidencialidad de la información:

- Normativa vigente de protección de datos y conservación de documentación.
- Copias de seguridad.

2. Optimización básica de un sistema de archivo electrónico.

— Equipos informáticos: puesta en marcha, mantenimiento operativo y revisión periódica que eviten anomalías de funcionamiento.

- Elementos de hardware: Unidad Central de Proceso y Almacenamiento, equipos periféricos, componentes físicos de redes locales, supervisión de conexiones.
- Elementos de software: instalación y desinstalación, programas, aplicaciones actualizadas y asistentes.
- Equipos de reproducción.

— Optimización de sistemas operativos monousuario, multiusuario, y en red:
- Funciones y comandos básicos.
- Herramientas básicas del sistema operativo.

— Sistemas operativos en redes locales: configuración básica de un sistema de red, actualización y acciones para compartir recursos.

— Aplicación de medidas de seguridad y confidencialidad del sistema operativo: programas de protección (antivirus, firewire, antispam, otros).

— Medidas conservación e integridad de la información contenida en los archivos. Y salvaguarda de los derechos de autor.

— Normas vigentes en materia de protección de datos y confidencialidad electrónica.

3. Gestión básica de información en sistemas gestores de bases de datos.

— Bases de datos:
- Tipos y características.
- Estructura.
- Funciones.
- Asistentes.
- Organización.

— Mantenimiento de información en aplicaciones de bases de datos: introducción, ordenación, asistentes para formularios de introducción de información y actualización de datos.

— Búsquedas de información en aplicaciones de bases de datos:
- Filtros.
- Consultas.
- Asistentes para consultas y otras prestaciones.

— Presentación de información en aplicaciones de bases de datos:
- Informes.

- Asistentes para informes.

— Interrelaciones con otras aplicaciones.

— Aplicación de normas vigentes de seguridad y confidencialidad en el manejo de datos.

1. Gestión de archivos, públicos y privados

Contenido

1.1. Aplicación de técnicas de archivo documental

1.2. Procedimiento de registro y posterior archivo

1.3. Procedimientos de acceso, búsqueda, consulta, recuperación, actualización, conservación y custodia de la información archivada

1.4. Funciones y características de los sistemas operativos y de archivo

1.5. Técnicas de protección de accesos públicos y privados, en archivos convencionales e informáticos

1.6. Aplicación de procedimientos de seguridad y confidencialidad de la información

En el siguiente capítulo vamos a tratar de hacer una pequeña introducción sobre el concepto de archivo, haciendo mención a varias definiciones de diversos autores, funciones y otras particularidades dentro del ámbito de las ciencias de la información.

Antonio Heredia define el archivo como "uno o más conjuntos de documentos, sea cual sea su fecha, soporte, material y forma, acumulados en un proceso natural por una persona o institución pública o privada, en el trascurso de su gestión, conservados respetando aquel orden para servir como testimonio e información para la persona o institución que los produce, para los ciudadanos o para servir de fuente de historia".

Si nos fijamos en algunas definiciones reconocidas por la comunidad archivística sobre el concepto de archivo público y privado, podemos mencionar algunas de ellas:

Archivos públicos: se denominan así aquellos archivos que pertenecen a un servicio público, pueden ser consultados y se rigen por el derecho público. Otra manera de definirlos sería como "aquel conjunto de documentos que pertenecen a entidades oficiales" y "aquellos que se derivan de la prestación de un servicio público por entidades privadas". Según su actividad pueden ser judiciales, municipales o militares.

Profundizando en las características generales de los archivos públicos, en su naturaleza jurídica y en el contexto socio-cultural, podemos enunciar la siguiente definición de María del Carmen Mastropierro sobre archivos públicos:

"El archivo público es un conjunto orgánico de documentos valiosos producidos o recibidos por la persona jurídica pública y/o entidad pública que lo sostiene, utilizado por sus creadores, conocido por la sociedad en general que tiene acceso a los documentos, y se rige por las normas del Derecho Público, como toda propiedad pública de procedencia gubernamental. Ayuda a construir una memoria equilibrada y completa del conjunto de la sociedad, como real patrimonio documental y archivístico".

Archivos privados: son aquellas colecciones de papeles o documentos que han pertenecido a una persona pública, ya sea político, literato, científico, artista en general, o a una familia con una notable importancia histórica que presenta de modo más o menos completo la actividad o la vida del personaje, institución o grupo familiar al que pertenecieron.

También se puede definir como "el conjunto de documentos producidos o recibidos por personas naturales o jurídicas de derecho privado en desarrollo de sus funciones o actividades". Estos archivos pueden ser personales, eclesiásticos, nobiliarios y de empresas.

A grandes rasgos, la diferencia entre archivo público y privado radica en la adscripción del organismo productor de la documentación.

Los documentos públicos producidos por un organismo de carácter público se consideran parte del patrimonio documental y por lo tanto están regulados por ley.

Por el contrario, los documentos producidos por una entidad particular o por una persona física requieren una antigüedad superior a los cien años para que puedan ser considerados patrimonio documental.

Actualmente entendemos por archivo tanto el edificio que alberga las colecciones de documentos como el conjunto de fondos documentales producidos por una institución en el desarrollo de su actividad.

Otra posible clasificación de los archivos puede ser atendiendo al tipo de derecho al que se adscribe el organismo productor de los fondos documentales. Se pueden distinguir dos tipos:

a) Los archivos que se adscriben al derecho público:

   - Todos los archivos de la Administración Internacional, por ejemplo los archivos de la OTAN.
   - Todos los archivos de la Administración Europea, como los de la Unión Europea.
   - Todos los archivos de las Administraciones españolas, tanto de la Administración Central y Autonómica como la Local.

b) Los que se adscriben al derecho privado:

   - Los archivos civiles: todos los archivos privados, tanto de la empresa pública o privada, de asociaciones como archivos sindicales, familiares o personales.
   - Los archivos religiosos: entre los que hay que distinguir los que forman parte del culto católico (parroquias, monasterios y catedrales) y los que forman parte de archivos de otros cultos.

Figura 1.1. *Imagen de un archivo.*

Los documentos son una consecuencia necesaria de la actividad administrativa. Los archivos se producen de forma natural por la acumulación de documentos, y su gestión es parte del trabajo del órgano o unidad administrativa.

Se consideran parte del archivo todos los documentos, ya sean de tipo gráfico, textual, fotográfico, sonoro, audiovisual o informático que son generados durante el ejercicio de sus funciones, conservados y organizados de forma que sirvan como antecedente y testimonio de derechos y obligaciones y como fuente de información a la administración y a los ciudadanos.

Es importante aclarar que un montón de papeles en los que no se puede encontrar nada, no se puede considerar un archivo.

Los archivos deben prestar servicio:

- A la propia administración, para que pueda actuar con eficacia y garantizar la objetividad que exigen la Constitución y las leyes.
- A los ciudadanos, para defender sus propios derechos frente a la administración o a terceros.
- A la investigación y a la cultura. Solo un tratamiento adecuado permitirá su utilización en el futuro.

Hay que tener en cuenta que dentro de la administración todos los documentos forman parte del Patrimonio documental desde el mismo momento en que llegan o se expiden.

La ley protege la gestión de archivos, obligando a sus responsables a:

- Conservarlos y protegerlos, siempre en lugares adecuados para ello.
- Evitar la apropiación de los mismos, entregándolos a aquellos que les suceden en sus funciones.
- Evitar la destrucción sin tener la autorización del órgano competente.

Según el artículo 59.1 de la Ley de Patrimonio Histórico Español, se definen a los archivos como "el conjunto orgánico de documentos o la reunión de varios de ellos, reunidos por personas jurídicas, públicas o privadas, durante el desarrollo de sus actividades, al servicio de su utilización para la investigación, la cultura, la información y la gestión administrativa".

Como se recoge en el artículo 35 de la Ley de Régimen Jurídico de las Administraciones Públicas y del Procedimiento Administrativo Común, los ciudadanos, en relación con las Administraciones públicas, tienen los siguientes derechos:

- Conocer en cualquier momento el estado de la tramitación de los procedimientos en los que tengan la condición de interesados, y obtener copias de documentos contenidos en ellos.
- Acceder a los registros y archivos de las Administraciones Públicas en los términos previstos en la Constitución y en esta y otras leyes.

El patrimonio es una riqueza colectiva que sirve de testimonio de la actividad de los habitantes dentro de su Estado a lo largo de su historia y sus principales aportaciones a la cultura.

1.1. Aplicación de técnicas de archivo documental

En líneas generales, las técnicas de archivo son necesarias para conseguir la ordenación, clasificación y conservación adecuada de los documentos en un lugar determinado con el fin de poder ser fácilmente y rápidamente localizados y protegerlos de pérdidas y deterioros.

Todos los documentos son colocados en el mismo orden y debidamente clasificados, para facilitar su localización y manejo. Es un sistema que nos va a permitir clasificar y buscar rápidamente los documentos.

Es necesario mencionar el concepto de **archivo total**, que hace referencia al proceso integral de los documentos en su **ciclo vital.**

Hay que tener en cuenta que el archivo es el mismo desde el momento que se produce hasta que se deposita en el archivo histórico. Nace para servir como testimonio de la gestión administrativa y durante la primera etapa de su vida cumple fundamentalmente esta finalidad. Con el paso del tiempo, puede desarrollar un valor no menos importante, como fuente de información y testimonio para investigación científica. Por establecer una comparación, se puede decir que tiene una vida similar a la de un organismo biológico, nace, vive y muere.

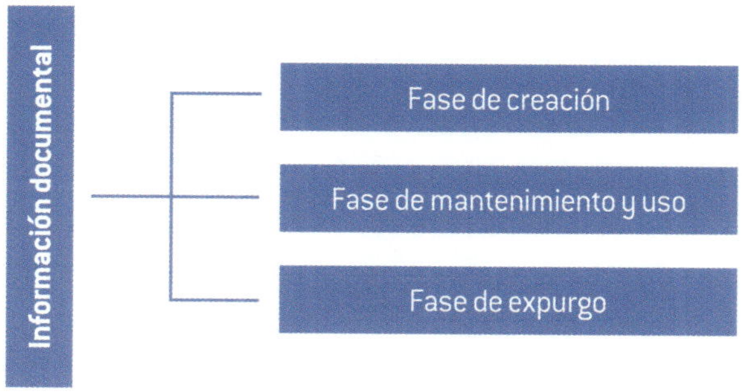

Figura 1.2. *Vida de la información documental.*

Por lo tanto, la documentación administrativa no es distinta de la histórica, constituye un todo unitario que atraviesa diversas etapas, en las cuales el documento cumple unas funciones determinadas.

Para poder llevar a cabo este proceso los documentos pasan por diferentes tipos de archivos, donde reciben el tratamiento adecuado según la etapa del ciclo en la que se encuentran.

En las administraciones públicas se organizan dentro de un sistema, lo que significa que no siempre van a estar el mismo lugar, de lo contrario las oficinas no tendrían capacidad para recoger todos los documentos generados por una institución a lo largo de su historia.

A medida que los expedientes son tramitados, pierden su vigencia administrativa o disminuye la frecuencia de su consulta, van siendo trasladados de los archivos de cada una de las oficinas o unidades administrativas de las que está compuesta una institución.

Según la mayor o menor intensidad del valor primario de los documentos, se pueden distinguir las distintas etapas del archivo a lo largo del tiempo:

1.ª etapa. **Archivo de gestión**. Debido al hecho de que estos documentos están bajo la responsabilidad de las unidades administrativas, es más conocido como **archivo de oficina**. Custodia los documentos mientras todavía están en estado de trámite y su uso es todavía muy frecuente. Entre sus principales funciones están:

- La formación de expedientes y series documentales producidos en la oficina.
- La elaboración de ficheros o bases de datos para poder recuperar la información fácilmente.
- La preparación de transferencias al Archivo Central.

Cada servicio o unidad administrativa tiene que mantener un archivo de oficina debidamente organizado mediante la formación de expedientes y series documentales de acuerdo con los criterios establecidos por el Archivo Central. La forma de organizar los documentos en esta primera etapa determinará las posibilidades de tratamiento que reciban más tarde.

Cada unidad administrativa debe tener un responsable de su archivo de gestión.

Para que una unidad administrativa pueda ser considerada como un sujeto productor deben darse los siguientes requisitos:

- Constancia de su creación como unidad orgánica mediante disposición publicada.
- Tener establecida su organización interna, su relación jerárquica dentro de la estructura de la institución y sus competencias, que se deben materializar en una serie de actividades.
- Debe haber un responsable.

Se define el archivo de gestión como el conjunto de documentos de una oficina, compuesto tanto por los documentos emitidos como por los recibidos, de acuerdo al desarrollo de sus actividades y funciones, que debe encontrarse reunido de forma organizada para garantizar la consulta y gestión tanto de la institución a la que sirve como al administrado.

Se forma mediante la acumulación diaria y organizada de documentos generados y recibidos por la oficina. Estos documentos se encontrarían en la primera fase de su existencia, la más activa, por lo tanto son necesarios para el desarrollo continuado de las actividades de una institución. Son conservados por su valor primario.

La documentación debe permanecer en el archivo de gestión mientras que no finalice el trámite, y aun cuando este haya finalizado, durante el período establecido, ya que se considera que la frecuencia de consulta es aún alta.

La función principal del archivo de gestión es la de organizar de forma correcta toda la documentación que va produciendo, para agilizar el trámite que se le ha asignado. Esta organización consiste en respetar la formación natural de expedientes y series documentales.

Una vez que los documentos ya no son útiles en la oficina, es necesario pasar a la segunda etapa del proceso, siendo necesario realizar la transferencia al archivo central o general.

Los documentos del archivo de gestión o de oficina se conservan durante un período de cinco o seis años. Este período de tiempo suele ser orientativo, ya que cada serie documental viene acompañada de una vigencia administrativa diferente.

Figura 1.3. *Archivo de oficina.*

2.ª etapa. **Archivo central.** Es el órgano que se ocupa de recibir la documentación de los archivos de oficina, cuando las necesidades de consulta ya no son constantes y dejan de ser utilizados con frecuencia.

Recibe las transferencias periódicas de las series documentales producidas por los distintos archivos de gestión que forman parte de la estructura del organismo del cual dependen.

Es una etapa de concentración de documentos cuyo uso para la gestión es hipotético, pero no seguro.

El archivo central es clave dentro del sistema de tratamiento de los documentos semiactivos. A diferencia de los archivos de gestión que se forman con la producción documental natural derivada de la gestión administrativa, el archivo central es dependiente de las transferencias regulares desde los archivos de oficina.

Su misión principal es el estudio y la valoración de las series documentales. Es el órgano básico de control del tratamiento de la documentación. Para llevar a cabo de forma eficiente esta tarea, es necesario mantener una colaboración estrecha con todas las unidades productoras que constituyen el organismo, estableciéndose un intercambio de información entre ambos.

A partir de esta fase y en adelante, la documentación está bajo la responsabilidad del archivero. Cuando ha transcurrido un periodo de diez a quince años, los documentos pasan a la siguiente etapa.

3.ª etapa. **Archivo intermedio.**

Tiene como función principal la de recibir la documentación de los distintos archivos centrales de la Administración cuando la consulta por parte de estos es esporádica. La documentación ha perdido prácticamente la utilidad por la cual fue creada, **la gestión**, perdiendo la utilidad administrativa para el productor y el ciudadano.

Por ello, los archivos de gestión tienen la necesidad de remitirlos a los locales de los archivos intermedios, con el fin de liberar espacio para seguir tramitando la documentación reciente y activa de su gestión diaria.

Desde el archivo intermedio se transferirá solo aquella documentación que deba ser conservada definitivamente en el archivo histórico.

Esta etapa suele abarcar desde los cinco años de su creación hasta los 30 o 50 años aproximadamente, pasando, a partir de entonces, a una tercera etapa en la que el documento adquiere un valor histórico, como testimonio y fuente primaria para la investigación.

4.ª etapa. **Archivo histórico.**

Se encarga de recibir la documentación que tiene un valor secundario, y la conserva de forma permanente al servicio de investigación y la cultura. También puede conservar documentos históricos recibidos por donación, depósito, adquisición...

La documentación seleccionada por su valor informativo, histórico y cultural, se conserva de manera permanente, en condiciones que garanticen su integridad y transmisión a las generaciones futuras.

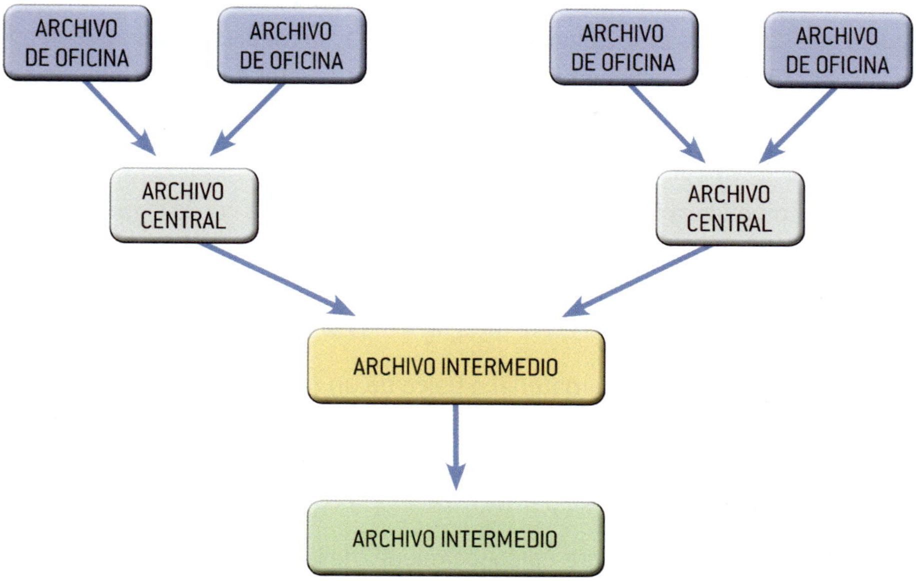

Figura 1.4. *Ciclo de vida de los archivos en la administración pública.*

1.1.1. Sistemas de clasificación y ordenación

Para empezar este apartado hay que entender el proceso de tratamiento archivístico y cada fase del mismo:

FASES DEL TRATAMIENTO ARCHIVÍSTICO

IDENTIFICACIÓN
ORGANIZACIÓN: CLASIFICACIÓN + ORDENACIÓN
VALORACIÓN: SELECCIÓN Y ACCESO
DESCRIPCIÓN

Para entender el proceso de **clasificación** de la documentación en un archivo primero hay que conocer el organismo que la ha producido. Esta operación se llama **identificación** del organismo productor, de las funciones y actividades administrativas y por tanto, de las series documentales que genera. Para llevarla a cabo es necesario aplicar los principios básicos de la archivística: el respeto de procedencia y a la estructura interna del fondo, de modo que el documento se localice en el fondo documental del que procede y en su lugar de origen dentro de ese fondo.

Con toda la información recogida durante el proceso de identificación se puede elaborar un **cuadro de clasificación**. Un cuadro de clasificación es como un guion que sirve para proporcionar a la documentación una estructura que supone el fiel reflejo del funcionamiento del órgano productor de la documentación. El cuadro de clasificación refleja la organización del fondo documental aportando datos esenciales de la estructura, como son las secciones y las series.

Una vez acometida la fase de identificación, empezaremos con la siguiente fase, la de organización. La **organización documental** consiste en el conjunto de acciones orientadas a la clasificación, ordenación y descripción de los documentos de una institución, como parte integral de los procesos archivísticos.

Constituye una adaptación material o física de un fondo a la estructura que le corresponde, una vez realizado el proceso intelectual de identificación. Incluye las fases de clasificación y ordenación. Es de gran importancia para la administración, para los ciudadanos y para la ciencia y la cultura.

El hecho de clasificar requiere un conocimiento de la institución y además conlleva una labor de archivo en la que la documentación se va a separar físicamente del archivo formando agrupaciones según los criterios establecidos en el cuadro de clasificación.

Figura 1.5. *Organización de archivos.*

Dentro de la organización de un archivo, podemos definir la **clasificación** como la operación archivística que consiste en la adscripción de las unidades documentales a las diferentes categorías y grupos que reflejan la estructura del fondo documental.

Podemos destacar tres ventajas de la clasificación:

1. **Acelera** la recuperación de la información, y los trámites administrativos de la institución.
2. **Ahorra** espacio en el almacenamiento físico.
3. **Archiva** los documentos con unos criterios uniformes. Este es un aspecto fundamental para el personal que trabaja en las oficinas.

Los principales sistemas de clasificación son los siguientes:

- **Clasificación orgánica.** Establece los grupos según la procedencia de la documentación, reflejando así la estructura orgánica de la institución. Es fácil de aplicar, ya que corresponde al organigrama de la institución. Al mismo tiempo resulta más rígida, ya que no refleja los cambios que haya podido sufrir. Es utilizada en organismos cuya estructura no tiene una gran complejidad.
- **Clasificación funcional.** Separa los distintos grupos tomando como referencia las funciones y las actividades de la institución. Es un método más complejo, pues necesita un estudio más profundo de la institución, pero al mismo tiempo es más flexible, ya que no se limita a las denominaciones de las dependencias administrativas de un momento determinado. Se emplea para clasificar los organismos de larga duración en el tiempo y que varíen a menudo su estructura.
- **Clasificación por materias.** Reúne las series documentales según los asuntos o materias que aborda. Su uso es recomendable solo para casos excepcionales, debido a que este sistema no siempre respeta el principio de procedencia.

Es muy normal que se utilice en las oficinas el **método orgánico-funcional**. Es el método más recomendado por lo flexible que es para recoger tanto las funciones generales como las específicas.

Una vez elaborado el cuadro de clasificación, es necesario definir el sistema de ordenación más adecuado para cada serie, a partir de las características que la definen.

La **ordenación** es esa parte del proceso realizada dentro de la organización, que consiste en establecer secuencias naturales numéricas, cronológicas y/o alfabéticas, dentro de las categorías o grupos definidos en la clasificación. Permite que se relacionen y se unan los elementos constitutivos de cada **serie documental**, de acuerdo a un criterio preestablecido.

Este proceso va a indicar el lugar exacto que va a ocupar un expediente o un documento concreto de la serie. Es preciso, además, que el expediente esté correctamente ordenado dentro de su serie documental, utilizando el criterio de ordenación más adecuado a las características de cada una.

Es fundamental que el proceso de clasificación sea previo a la ordenación, ya que así el expediente estará incluido, dentro de su grupo o clase, en el lugar que le corresponde.

Entre los distintos sistemas de ordenación, podemos encontrar:

- **Ordenación alfabética.** Consiste en la utilización de las letras del alfabeto como criterio para la ordenación.

  Es utilizada en expedientes que se forman según una individualización por personas y que permanecen abiertos durante un largo período de tiempo, como los expedientes personales. Se recomienda su uso cuando el criterio de formación de expedientes es de asuntos y la documentación no es muy voluminosa, como ocurre en las secretarías y gabinetes. Es ideal para los archivos de gestión de menor tamaño en los que el crecimiento previsto no es muy alto, puesto que si no fuera el caso habría que encontrar espacio entre clasificadores, armarios y ficheros para colocar la documentación producida, lo que tiene complicaciones, ya que hay unos apellidos que son más comunes que otros.

  Este problema se puede solventar con el uso de un mobiliario adecuado, como son las estanterías de tipo compacto, con unos contenedores en instalación vertical, que se pueden amoldar a la necesidad de ser extensible, y así se puede intercalar la documentación cuando sea necesario.

  Es aconsejable utilizar unas reglas para normalizar la forma de acceso a la documentación, para que el uso del archivo sea correcto independientemente del personal que maneje los expedientes. Las bibliotecas aconsejan el uso y manejo de la normas, como son las reglas de catalogación y unas normas de clasificación por materias.

VENTAJAS	DESVENTAJAS
Es un método que se presta a intercalar los documentos y los expedientes en el lugar exacto. Facilita la localización directa del documento, sin necesidad de usar instrumentos intermedios como los ficheros informáticos.	Los criterios de ordenación no son únicos. Cada persona puede elegir una entrada distinta para ordenar los expedientes, lo cual dificulta la localización de la documentación. Por ese motivo es importante el uso de unas normas que puedan unificar los criterios.

Dentro de los sistemas de ordenación alfabética se puede hablar de categorías diferentes, según se refiera la elección del elemento utilizado:

— **Alfabético onomástico:** se ordena la documentación alfabéticamente por archivos de personas. Los expedientes llevan inscrito primero el apellido y luego el nombre de la persona.

— **Alfabético geográfico:** se ordena la serie documental alfabéticamente por lugares. Se suele tomar como referencia el país, región, comunidad autónoma, provincia, localidad, dependiendo del criterio elegido para la documentación.

— **Alfabético de organismos:** la documentación es ordenada por orden alfabético de los nombres de instituciones, centros, organismos u oficinas.

— **Alfabético de materias:** se ordenan los expedientes por el asunto o temática de su contenido. Se suele utilizar en el caso de la documentación administrativa en forma de dossier o informe.

Figura 1.6. *Organización alfabética de archivos.*

- **Ordenación cronológica:** los documentos se ordenan según la fecha en que han sido tramitados. Es muy frecuente su utilización con la serie documental de correspondencia, que se suele archivar por orden de registro de entrada o salida de forma separada. Es común para series documentales que tienen un tratamiento anual o mensual, como son los expedientes de becas, matrículas o nóminas.
- **Ordenación numérica:** se utiliza el número correlativo para ordenar expedientes. Es un sistema que ofrece rapidez y comodidad y no requiere un personal cualificado para su empleo. Es muy utilizado dentro de la administración actual.

  No obstante, exige la elaboración de índices para recuperar la información contenida en los expedientes.

  Es necesario tener en cuenta que no existe un criterio mejor y otro peor, sino el que se debe usar en función de la formación de los expedientes.
- **Mixtos:** combinan algunos de los sistemas anteriores.

1.1.2. Finalidad y objetivos

En este apartado vamos a adentrarnos un poco más en la naturaleza del archivo, dejando de lado definiciones que le puedan atribuir la mera condición de "almacén de papel" dentro de la institución.

Es igual de necesario determinar los objetivos como establecer las funciones del archivo.

El objetivo principal y fin último de un archivo es disponer de una documentación organizada, cuya información sea en cada momento recuperable para su uso. Se trata, por tanto, de que los archivos presten un servicio a la sociedad, tanto al organismo productor de la documentación, a los administrados como a la propia investigación.

La utilización del archivo variará en función del tipo de usuario. Otro tipo de servicio del archivo está encaminado a la investigación y la difusión cultural.

<table>
<tr><th colspan="2">OBJETIVOS</th></tr>
<tr><td rowspan="4">Información al servicio de:</td><td>Gestión administrativa</td></tr>
<tr><td>Información</td></tr>
<tr><td>Investigación</td></tr>
<tr><td>Cultura</td></tr>
</table>

21-01-22

Hay que tener en cuenta que estas funciones generales son comunes a todo tipo de archivo, pero a la hora de ponerlas en práctica es necesario matizarlas un poco, dependiendo de la fase en la que se encuentre la documentación. Tampoco se aplican los mismos métodos para conservar la documentación que está recién producida que la que la que tiene muchos años de valor histórico.

Funciones	Reunir la documentación
	Organizar: clasificar + ordenar
	Conservar: instalaciones adecuadas
	Difundir

En el entorno de la empresa podemos definir el archivo como el conjunto de documentos clasificados y ordenados, así como el espacio físico donde se custodian y se conservan.

La existencia del archivo en la empresa es consecuencia directa de que las actividades mercantiles necesitan un soporte documental. Cualquier empresa emite y recibe todo tipo de documentación, por lo tanto, la finalidad del archivo es guardar y clasificar todos los documentos que la empresa conserva para que la empresa pueda funcionar normalmente. Por una parte, en función de lo que establece la legalidad vigente, y por otra, según el criterio de la empresa.

La empresa recibe distintos tipos de material de archivo:

- **Documentos de gestión.** Son aquellos documentos relacionados con actividades o gestiones que se encuentran en curso de realización y que se dilatan con el tiempo. Son de actividad interna.
- **Documentos legales.** Son aquellos documentos que la empresa tiene la obligación de conservar.
- **Documentos históricos.** Son los referidos a operaciones y actividades terminadas, y los que se acumulan por razones comparativas, estadísticas...

1.1.3. Índices de archivo

Podemos definir índice como el instrumento de referencia formado por encabezamientos onomásticos, toponímicos, cronológicos y de conceptos contenido tanto en los propios documentos como en los instrumentos de referencia y descripción.

Los índices tienen como finalidad el control y localización de todos los documentos o expedientes que constituyen cada una de las series documentales. Pueden estar ordenados de forma alfabética o numérica.

Se consideran unos instrumentos auxiliares que facilitan la búsqueda de la información necesaria para un determinado momento y tienen la función de localizar físicamente la documentación.

Estos instrumentos son imprescindibles cuando en la ordenación e instalación física de la documentación se haya elegido un criterio numérico según orden de producción documental.

En el ámbito de la empresa, el índice es una lista de los nombres de todas las carpetas en los archivos. Es un instrumento que permite conocer el contenido y el lugar de la documentación en la empresa.

Es la imagen de la estructura de nuestro archivo que nos permite comprobar si está de acuerdo con nuestras necesidades.

Es una herramienta muy eficaz para evitar la duplicidad. Es posible que pueda ocurrir, al no tener un índice, que estemos guardando la información bajo nombres diferentes.

También es un instrumento básico para analizar nuestro sistema de archivo. Una simple mirada al índice nos puede indicar si la estructura que hemos ideado es coherente con nuestras necesidades, haciéndolo mucho más sencillo que ir mirando uno por uno todos los cajones del archivo. Facilita en gran medida las transferencias y la eliminación de archivos.

1.1.4. Aplicación de manuales de ayuda

Para que todo lo se ha explicado antes se pueda llevar a la práctica, es necesario cumplir una serie de requisitos que vienen recogidos en los siguientes manuales:

Actividades del archivo de gestión

- Impedir la dispersión o eliminación de documentos.
- Formación correcta de las series documentales, evitando el fraccionar un expediente según pasos en el trámite o la agrupación de distintos tipos documentales por referirse a un asunto común.
- Estar en contacto permanente con el archivo central, tanto para solicitar recomendaciones y ayudas como para suministrar la información que el

22.04.22

archivo central precise para la perfecta identificación de las series documentales.

- Preparar las transferencias de acuerdo con las normas existentes.
- Controlar las salidas y entradas de documentos y los expedientes mediante un registro de préstamos.
- Solicitar y devolver correctamente al archivo central los documentos, que aunque ya hayan sido transferidos, su consulta puede ser necesaria para la unidad administrativa.
- Facilitar la información que tanto los ciudadanos como la Administración soliciten respecto a los documentos que custodia.
- Elaborar los instrumentos que faciliten el acceso a la información y a la documentación, como los ficheros manuales o informáticos.
- Formar un registro de las transferencias realizadas al archivo central.

Actividades de un archivo central

- Reclamación de la documentación: enviar el impreso de previsión de transferencias a los archivos de gestión. Elaboración del calendario de ingresos.
- Recogida y recepción: elaboración de normas para establecer el procedimiento de ingreso de documentación.
- Conservación: depósitos con instalaciones adecuadas. Velar por la correcta conservación de los expedientes en los archivos de gestión, normalización del material de carpetería para archivo de expedientes.
- Organización: identificación, clasificación y ordenación de las series documentales incluidas dentro de la estructura del fondo.
- Valoración: análisis de los testimonios administrativos legales, jurídicos e informativos de cada serie documental. Conocer los plazos de prescripción de los valores administrativos.
- Descripción: elaboración de instrumentos de control para ingresos y salidas de series documentales y para préstamos y consultas de documentación. Elaboración de instrumentos de información para identificación y valoración de series. Elaboración de instrumentos de descripción del fondo documental, guías, inventarios e índices.
- Difusión: servicio de préstamo de documentación a los órganos productores. Servicio de información al ciudadano, particulares e investigadores (consulta en sala y reproducción).

1.1.5. Mejoras ante detección de problemas de organización

En toda entidad, ya sea pública o privada, se pueden dar dos situaciones, que exista un sistema de archivo implantado funcionando, en cuyo caso la tarea del personal de archivo consiste en mantenerlo mejorándolo, o que no exista ningún sistema y que se tenga que definir desde el principio. En este caso, lo normal es que se hereden los problemas de organización que existan en el archivo. Lo normal es que las oficinas estén desbordadas de documentación, lo que genera un problema de seguridad para estos documentos, ya que la falta de espacio provocará su destrucción incontrolada en la mayoría de los casos. La responsabilidad sobre un archivo no es clara y la gestión de los documentos se hace de forma voluntaria y dispersa, con personal manejando documentos de distintas formas.

El desconocimiento de la organización documental y del funcionamiento de la instalación, la falta de coordinación, la falta de personal, la falta de espacio físico para la instalación que supone la duplicación de los documentos, el desorden, la pérdida de documentación... son algunos de los problemas que podemos encontrar en un archivo.

La organización de un archivo debe adoptar el más alto nivel. Para ello son necesarias una serie de decisiones para conseguir sus fines. La norma ISO (UNE-ISO 30301) recoge estas decisiones en:

- Establecer y adoptar una política en materia de gestión de documentos.
- Difundirla en toda la organización y obligar a su cumplimiento en todos los niveles.
- Asignar los recursos necesarios.
- Designar un responsable dentro del equipo de dirección.

Existe una tendencia a confundir la retención de los soportes con la posesión de la información. La falta de comunicación en el organismo es también un factor que ayuda a explicar este tipo de actitudes.

La norma ISO 15489 nos proporciona unas pautas a seguir:

1. **La investigación preliminar.** Consiste en la tarea de identificar y documentar el papel y el propósito de la organización, estructura, entorno legal, reglamentario, de actividad y político, así como la gestión de puntos fuertes y débiles asociados en la gestión de documentos.
2. **El análisis de la actividad.** Se ocupa de estudiar las funciones, actividades, procesos y trámites. El propósito es desarrollar un modelo conceptual de lo que hace la organización y de cómo lo hace, indicando la

relación que se establece entre los documentos y actividades. Será fundamental para las futuras decisiones sobre creación, captura, control, almacenamiento, eliminación y acceso de los documentos. Como resultado, se obtiene un conocimiento preciso de las relaciones que median entre las actividades de una organización y los documentos.

3. **Identificación de las necesidades respecto de los documentos.** Se trata de identificar las razones por las que una organización necesita o está obligada a crear, recibir y conservar documentos como resultado de sus actividades, y documentarlo de una forma estructurada y fácil de mantener.
4. **Valoración de los sistemas existentes.** Se trata de analizar los sistemas de uso y archivo de documentos, para valorar su adecuación, diseño o sustitución por otros nuevos. Es una primera aproximación a la realidad para saber si ha habido previamente alguna actuación archivística, y en ese caso, estudiarla.
5. **Identificación de las estrategias para satisfacer las necesidades de gestión de los documentos.** El propósito es saber cómo dar respuesta a las demandas de la organización. Para ello hay que tener en consideración estos aspectos: su naturaleza, el tipo de actividades, la forma de llevarlas a cabo, las tecnologías que las soportan, la cultura corporativa y los condicionantes externos.
6. **Diseño de un sistema de gestión de documentos.** Se trata de convertir los análisis, estrategias y tácticas de las fases anteriores en un plan de sistema de gestión de documentos. Este plan puede provenir de los sistemas existentes, plantearse su reforma o construirse sobre bases nuevas. Se trata de conseguir varios planes que de forma estratégica diseñen los objetivos finales que se quieren conseguir.
7. **Implementación de un sistema de gestión de documentos.** Se llevan a cabo las estrategias de forma conjunta de acuerdo con el plan que se ha planificado. Este sistema de gestión del archivo está sometido a un seguimiento y evaluación continua.
8. **Revisión.**

1.2. Procedimiento de registro y posterior archivo

Los documentos pueden ingresar en el archivo mediante dos vías: procedentes del exterior o de dentro de la propia organización. De esta forma, empiezan a formar parte del sistema de gestión de archivos.

Los documentos que ingresan en el archivo pueden ser:

- De tipo ordinario: se efectúan mediante transferencia, en un plazo de tiempo de forma ordenada y con cierta periodicidad. Se pueden denominar internos, ya que se producen en el seno de la institución sin interferencias exteriores.

  La transferencia de fondos de los ingresos ordinarios es el conjunto de procedimientos mediante los cuales los documentos son remitidos de una etapa a otra del archivo, siguiendo el ciclo de vida de los documentos. Se trata de trasladar los fondos según la edad de los documentos, con unas reglas y plazos de obligado cumplimiento.

- De tipo extraordinario: son ingresos que se producen sin un plazo determinado y sin periodicidad alguna. Hay diversos tipos:

  1. **Donación.** Consiste en la entrega o donación pura y simple sin mediación de compra o intercambio de bienes.
  2. **Legado.** Se diferencia del caso anterior en que se realiza por manda testamentaria a ejecutar por los herederos.
  3. **Compra.** Es un caso poco frecuente en archivos debido a problemas económicos.
  4. **Reintegración.** Consiste en devolver al archivo los documentos que han estado en poder de otras personas, organismos e incluso naciones, como es el caso de los documentos arrebatados como resultado de una guerra.
  5. **Comodato o depósito.** Es el depósito de una documentación por un periodo de tiempo indefinido o determinado, dependiendo del caso. Los documentos no se convierten en propiedad del productor, por lo que los propietarios pueden reivindicar su posesión siempre a menos que exista una cláusula especial en el contrato.

1.2.1. Identificación de soportes, mobiliario, útiles, elementos de archivo y contenedores

Dentro del archivo hay que decir que hay una gran variedad de equipos, materiales y mobiliario. Cada día se inventan sistemas más modernos, prácticos y técnicos para atender y satisfacer las necesidades particulares de una oficina.

Es importante tener en cuenta que en el momento que la documentación es más utilizada, es cuando es más necesario tenerla a mano. La ubicación de los documentos debe estar en función de facilitar su manejo, ya sea usando carpetas colgantes dentro de estanterías, archivadores o armarios.

El **soporte** es la materia a la cual se incorpora la grafía, que puede ser legible de forma permanente y directa o mediante procedimientos que faciliten su captación y posterior reproducción.

Según el Instituto Madrileño de Estudios Documentales IMED, en su temario sobre archivos – "Conservación... Las instalaciones", estos son los documentos que podemos encontrar en un archivo atendiendo a su soporte y la grafía:

Pergamino. Su origen es legendario. Debe su nombre a la ciudad de Pérgamo. Su uso se transmite en el siglo III a través del cristianismo. Se obtiene de pieles de diferentes animales, como la vaca y el conejo. La piel se macera en agua con cal para que se desprenda la grasa y los pelos. A continuación se raspa para terminar de eliminar impurezas, se estira y se deja secar. Como resultado final tenemos un producto laminado y flexible, muy apto para la escritura caligráfica, la ilustración y la decoración.

Figura 1.7. *Pergamino.*

Una variante del pergamino es la vitela, más fina y flexible que el pergamino y sin diferencias de color entre sus dos caras, de color casi blanco y mucho más suaves. Se obtiene del animal no nacido o de muy corta edad.

En cuanto a su conservación, el pergamino es muy dependiente del agua y requiere unos niveles mínimos de humedad interna que mantengan su flexibilidad y eviten reacciones de carácter físico-mecánico, pero que no resulten excesivos para evitar la putrefacción.

Papel. Sus orígenes se remontan al siglo II en China, pero es la civilización islámica la que transmite los secretos de su utilización. Son los árabes quienes a partir del siglo VIII lo difunden por Asia, norte de África y sur de Europa. En su evolución tecnológica podemos diferenciar claramente dos momentos:

- El papel artesanal. Utiliza fibras vegetales ricas en celulosa, tales como el algodón, el cáñamo o el lino, obtenidas a partir de trapos viejos o directamente de los tallos no leñosos de dichas plantas. Es pobre en agentes químicos.
- El papel industrial. Surge como consecuencia de la creciente demanda de papel entre finales del siglo XVIII y mediados del XIX. Los pliegos del papel ya no se obtienen escurriendo la pasta en la forma, sino depositándola en

una cinta transportadora que la hace pasar por unos rodillos que la presionan y regulan. Según se emplee procedimientos mecánicos o químicos, se obtendrá un papel de pasta mecánica o de pasta química.

- El papel recuperado o papel reciclado. Como consecuencia del creciente consumo de papel y de la escasez de madera, se ha procedido a reutilizar el papel sobrante. En caso de que el papel sea blanco solo hace falta triturarlo para conseguir pasta de papel. Si el papel ha sido escrito y contiene manchas ha de ser destintado y limpiado previamente, dando lugar al papel reciclado.

Soportes fotográficos. La fotografía hace uso del papel o la cartulina en las copias, y de una película de acetato, triacetato o poliéster que soportan una emulsión que contiene partículas fotosensibles a la luz.

Soportes magnéticos. Los podemos encontrar en cintas y disquetes. El soporte suele ser de poliéster recubierto por una emulsión que contiene partículas de hierro o cobalto, sensibles magnéticamente, que se posicionan de determinada manera al recibir las emisiones de la fuente de grabación.

Soportes ópticos. Son los discos compactos y DVDs. Suelen estar realizados en metacrilato recubierto de una finísima lámina metálica o película de pigmentos inorgánicos sensibles al efecto térmico del láser, que al incidir sobre ella la modifica, grabando la grafía realizada.

En el archivo se necesitan, obviamente, un gran número de muebles y equipamiento completo. Para establecer un criterio en la elección de unas instalaciones y mobiliario adecuado para cada fase del archivo, tenemos que tener en cuenta la rapidez y la eficacia, favoreciendo siempre las condiciones adecuadas para la conservación de la documentación.

Los sistemas de instalación, teniendo en cuenta la posición que la documentación adopta dentro de los muebles son:

- **Sistema horizontal o plano**. Los documentos se apoyan unos encima de otros, en carpetas, cajas o archivadores. Es el sistema más antiguo, recomendable para la documentación de poco uso o bien en formatos especiales.

- **Sistema vertical**. Los documentos se disponen unos a continuación de otros en esta posición. Por ello se utilizan carpetas rígidas, registradores, clasificadores de varios tipos, o bien separadores móviles. También se pueden usar cajas de archivo, dependiendo del momento en el que se encuentre la documentación.

- **Sistema suspendido.** La documentación no se encuentra apoyada sino colgada mediante una guía deslizante, en unos contenedores en forma de carpetas. Este sistema es el más utilizado por el archivo de gestión, ya que es más flexible.

En todos los sistemas en conveniente utilizar estanterías abiertas sin puertas y armarios cerrados mediante puertas con bisagras, plegables, correderas o de hojas que se puedan empotrar.

No se trata de averiguar qué sistema es mejor que otro, sino elegir el que más se adecúe a las necesidades reales del archivo. Lo más normal es que el sistema empleado sea mixto, donde haya documentación que se instale en carpetas suspendidas, como las series documentales, otra que se adecúe más a una instalación vertical, como la correspondencia, y otra documentación que se conserve mejor en una instalación horizontal, como los planos.

Es recomendable usar armarios metálicos si la información es valiosa o confidencial y con posibilidad de regular la altura de las baldas, sobre todo si la documentación se instala de manera vertical. Es desaconsejable el uso de armarios de madera, ya que la madera recoge más humedad, es combustible y favorece la proliferación de insectos xilógafos.

Para instalar de forma definitiva la documentación, hay que extraerla de las carpetas colgantes e introducir los expedientes, cada uno en su subcarpeta correspondiente, en cajas de cartón de tamaño normalizado e instalarlas en otro lugar con el fin de recuperar espacio para la documentación que se esté tramitando en ese momento.

Para identificar el contenido de estas cajas de archivo, y para que queden preparadas para su futura transferencia, a los cinco años, al archivo central que le corresponda, utilizando una etiqueta identificadora que contenga los siguientes campos de información:

- **Organismo productor**: es el campo destinado a consignar el nombre de la unidad administrativa que ha producido la documentación. Es necesario señalar todas las unidades administrativamente superiores a las cuales esté adscrita.
- **Serie documental.**
- **Años**: fechas extremas de la serie o fracción de serie contenida en cada caja.
- **Contenido**: en este campo se detallará la documentación o expedientes de esa caja.

- **Número de caja**: hay que asignarle un número correlativo.

Para hacer la correcta elección del tipo de mobiliario e instalación, hay que tener en cuenta estos aspectos:

- **La naturaleza y características de la documentación.** Según sean los formatos y soportes, según sean documentos textuales, gráficos, sonoros, visuales... en forma de expedientes, correspondencia, libros administrativos...

- **La frecuencia de consulta.** Si la documentación tiene una alta frecuencia de consulta se debe elegir a un mobiliario de fácil acceso.

- **El volumen y el espacio disponible.**

- **Las posibilidades económicas.**

Es importante tener claro que una buena organización es la base de la conservación.

Independientemente de la instalación en carpetas suspendidas o ya de forma definitiva en cajas de cartón, los expedientes deben individualizarse, a su vez en subcarpetas. Las carpetas deben encontrarse cerradas por dos lados para evitar que la documentación se salga.

Siguiendo estas sencillas normas, se puede contribuir en gran medida a conservar los distintos soportes en las mejores condiciones:

- Utilizando materiales apropiados, que no los dañen:

Material de papelería de PH neutro, que no contagie acidez a la documentación, grapas inoxidables, clips enfundados, cinta de algodón blanca para atar, en lugar de gomas, especialmente cuando se preparen las transferencias, materiales plásticos inalterables, como el mular o acetato, que no producen la acumulación de temperatura y humedad.

- Protegiendo individualmente e identificando cada unidad física del archivo:

Expedientes (carpetillas neutras), documentos gráficos: mapas, planos, dibujos (fundas abiertas), fotografías (sobres y álbumes neutros), disquetes y CD-ROM (disqueteras).

Es recomendable instalar en cajas la documentación que se ha dejado de utilizar, o que por su volumen no puede mantenerse en carpetas colgantes. De esta manera, ya estará preparada para transferirla en su momento.

Es importante también apilar los documentos o sus contenedores, ya que hace que sufra el soporte y se dificulte la recuperación. Debe elegirse mobiliario adecuado para los distintos tipos y soportes documentales:

- Archivadores metálicos, para carpetillas colgantes, mientras los expedientes se usen con frecuencia.
- Armarios o estanterías metálicas para las cajas.
- Planeros para los documentos de formatos especiales, que permitan colocarlos en posición horizontal. Las cajas u otro tipo de contenedores de documentos deben mantenerse alejados de las fuentes de luz y de calor y de las zonas húmedas del edificio o de otro tipo de agentes que pudieran perjudicarlos.

1.2.2. Reproducción y cotejo de la información de archivo documental a digital

Las bibliotecas y los centros de documentación, contenedores de la documentación más antigua y valiosa, son los más propicios para el proceso de digitalización, en parte porque los derechos de propiedad intelectual de estos documentos ya han vencido.

Estos derechos pertenecen a instituciones sensibles a objetivos de preservación y difusión de los mismos a una amplia comunidad de usuarios, sin que sea expuesto el documento original a un riesgo.

Los documentos electrónicos pueden tener tres orígenes:

- Fue creado en formato digital y está almacenado en algún soporte óptico o magnético que está guardado en el archivo o centro de documentación.
- Fue creado en formato digital y se encuentra disponible en Internet. El archivo, el centro de documentación o directamente el usuario. No está en posesión de él, sino que se tiene derecho de acceso mediante licencias o porque es de uso libre o gratuito.
- Fue creado en formato analógico y debe ser convertido a formato digital mediante el proceso de digitalización.

El proceso de digitalización tiene dos pasos previos:

1. Consideración de la situación legal del material a digitalizar. Dependiendo de la situación de cada país, existe un período de tiempo que transcurre desde la creación del documento a partir del cual pasa a ser de dominio público y libre de ser reproducido. Mientras tanto, se debe acordar con el

autor la autorización para digitalizar el material, pues este archivo digital se considera ya una copia del original.

2. Selección del material adecuado, teniendo en cuenta si:

   - El material o su estado son adecuados para soportar el proceso de digitalización sin que se ponga en riesgo el documento.
   - El tamaño, complejidad y variedad de la colección permiten un proyecto dentro de tiempos y presupuesto disponibles.
   - Existe la posibilidad de sustituir el acceso al documento original mediante el digital para protegerlo, facilitando un proceso más amplio.
   - La completitud, ordenamiento, composición detallada y estructura permiten determinar una estrategia de ejecución.
   - La disponibilidad de información descriptiva es suficiente.
   - La resistencia del soporte digital es acorde al uso previsto.
   - Es posible definir parámetros de calidad del producto final y se dispone de la tecnología que permita alcanzar esa calidad.
   - Es operativamente posible el acceso al soporte digital previsto.
   - Se dispone de infraestructura tecnológica y recursos financieros para toda la cadena de procesos, gestión, presentación, mantenimiento...
   - El valor o interés del material justifica su digitalización.
   - Se dispone de lugar de almacenamiento en tamaño y calidad adecuados para los originales durante el proceso de digitalización y para el material digitalizado.

Es más fácil el control de la digitalización si la imagen se refiere a una red interna de la organización, la cual conoce sus características de configuración. Si la red es Internet se debe tener en cuenta una configuración mínima, ya que el peso de la imagen es elevado, tardará en recibirla, y puede desistir en su intento de descarga. De la misma manera, si se requiere una configuración avanzada o de últimas tecnologías es probable que los usuarios no dispongan de ella y no puedan acceder al documento.

Los factores que afectan la calidad de una imagen digital son:

- La calidad del original.
- Calidad de la reproducción fotográfica intermediaria.

- Los medios de digitalización y parámetros de conversión.
- Procesamiento de la imagen y algoritmos de compresión.
- Reformateo, remuestreo y redimensionamiento de la imagen.
- Entorno de visualización.
- La computadora y el software del usuario.
- La calidad y configuración del monitor y la impresora del usuario.

También hay que tener en cuenta el objetivo final del producto, para determinar qué es aceptable y qué no:

- Eliminación de degradaciones, como el color, producidas por el paso del tiempo por errores de conservación, del proceso fotográfico... Este proceso requiere de un software de tratamiento de imágenes.
- Representación fiel del original: suelen ser digitalizaciones de alta resolución y de un tono continuo.
- Documento digital a disposición del público: no requiere tanta calidad como el que tiene por objetivo la conservación de respaldo del original.
- Documento para Internet: tiene aún menos calidad, porque solo será vista por pantalla y debe cargarse rápidamente.
- Miniaturas: para ser presentadas al usuario, que podrá realizar una selección preliminar de documentos. Son muy pequeñas representaciones al solo efecto de reconocerlas o seleccionarlas en una primera pasada de un conjunto mayor.

1.3. Procedimientos de acceso, búsqueda, consulta, recuperación, actualización, conservación y custodia de la información archivada

Acceso, búsqueda y consulta

Hay que tener en cuenta una serie de normas a la hora de establecer unos procedimientos de acceso a los archivos:

- Toda persona tiene derecho a acceder a los documentos conservados en los archivos.
- La solicitud de acceso a documentos podrá presentarse a través de los medios y en los términos establecidos en la Ley 30/1992, de 26 de noviembre, y en la Ley 11/2007, de 22 de junio, y se dirigirá al responsa-

ble del archivo que los custodia. En todos los archivos existirá un modelo normalizado de solicitud a disposición de los interesados, que igualmente estará disponible en la sede electrónica del correspondiente departamento o entidad de Derecho Público.

- El responsable del archivo ofrecerá la asistencia que sea necesaria para facilitar el ejercicio del derecho de acceso, teniendo en cuenta las necesidades especiales de algunos colectivos.

En cuanto a la solicitud de archivos, hay que establecer los siguientes principios:

- La solicitud de acceso a documentos podrá presentarse a través de los medios y en los términos establecidos en la Ley 30/1992, de 26 de noviembre, y en la Ley 11/2007, de 22 de junio, y se dirigirá al responsable del archivo que los custodia. En todos ellos existirá un modelo normalizado de solicitud a disposición de los interesados, que igualmente estará disponible en la sede electrónica del correspondiente departamento o entidad de Derecho Público.
- En la solicitud deberá indicarse con claridad el documento o conjunto de documentos a los que se refiere, así como la identidad del solicitante y una dirección, a efectos de comunicaciones.
- No será necesario motivar la solicitud de acceso a documentos. No obstante, el solicitante podrá exponer los motivos de su petición, que se tendrán en cuenta en la tramitación y resolución de la solicitud.
- Con el fin de facilitar la identificación de los documentos solicitados, el responsable del archivo pondrá a disposición del público los instrumentos de referencia y descripción de los fondos documentales que lo integran, con excepción de los que, en aplicación de las limitaciones legalmente previstas, no deban constar.
- Las entidades públicas incluidas en el ámbito de aplicación de este Real Decreto informarán del órgano competente para resolver las solicitudes de acceso. En ausencia de previsión expresa, se entenderá competente aquel del que dependa orgánicamente el archivo que custodia los documentos cuya consulta se solicita.

En cuanto a la autorización de entrada de los archivos, hay que tener en cuenta lo siguiente:

- La entrada en la zona de depósito de los archivos estará reservada a personal autorizado. Quienes acrediten un interés histórico, científico, estadístico o cultural relevante podrán solicitar al responsable del archivo autorización de entrada para el examen de la documentación solicitada. La autorización, que podrá denegarse por razón de las necesidades de organización, de los servicios o de la garantía del carácter restringido de determinados fondos que residen en los archivos, determinará las condiciones en que deba realizarse la entrada.

- Cuando en el archivo existan reproducciones de los documentos solicitados, se dará acceso a estas como norma general. En estos casos, solo cuando la materia o circunstancias de la investigación estén justificadas y el estado de conservación de los documentos lo permita, se autorizará el acceso a los originales, previa presentación de la correspondiente solicitud de autorización.

En cuanto al acceso restringido hay que tener en cuenta los siguientes aspectos en archivos:

- Los documentos conservados en los archivos incluidos en el ámbito de aplicación de esta norma serán de libre acceso, salvo cuando les afecte alguna de las limitaciones previstas en la Constitución y en las leyes.
- El responsable del archivo, siempre que sea posible, tendrá a disposición del público la relación de los documentos y series documentales de acceso restringido, con exclusión de aquellos que en atención a los intereses protegidos no deban ser objeto de publicidad.
- El acceso a documentos excluidos de pública consulta será restringido y quedará condicionado, con las excepciones y especialidades previstas en la ley, a la obtención de autorización previa.
- Con carácter excepcional, el responsable del archivo podrá restringir cautelarmente el acceso a aquellos documentos o series documentales que, sin haber sido objeto de exclusión de consulta pública, pudieran incurrir, a su juicio y a la vista de su contenido, en alguna de las limitaciones previstas en las leyes.

La descripción es la fase del tratamiento archivístico en que se elaboran los instrumentos que facilitan el conocimiento y la **consulta** de la documentación.

Los instrumentos de consulta variarán de un tipo de archivo a otro según la edad de los documentos. Los principales son los siguientes:

- **Guías** para los archivos.
- **Inventarios** para fondo y serie.

- **Catálogos** para los expedientes y documentos.
- Índices **auxiliares** para una unidad documental.

Los instrumentos de descripción en un archivo tienen como función facilitar, de la forma más eficaz posible, la recuperación de la información que está contenida en la documentación.

Los campos de información que pueden ser objeto en la descripción son los siguientes:

- Datos de identificación: entidad productora, tipo documental, contenido, fechas y código del cuadro de clasificación.
- Signatura, número del documento y expediente, y código de localización física.

En el caso concreto del archivo de gestión, los instrumentos utilizados son los índices y el inventario. La diferencia que existe entre ellos es que mientras que el inventario tiene como finalidad el conocimiento y control de todas las series documentales que constituyen la documentación producida por la oficina, los índices son usados para el control y localización de todos los documentos o expedientes que constituyen cada una de las series documentales.

En el archivo de gestión las guías y catálogos no son muy utilizados.

Los inventarios son instrumentos que dan a conocer de forma global la documentación producida por una institución determinada. Es un instrumento que no se debe olvidar si se quiere planificar desde el principio una correcta política de gestión de la documentación administrativa. Debe recoger toda la información que se ha expuesto en el cuadro de los campos de información.

La información se estructura de forma jerárquica, según el organigrama y se puede referir a toda una subdirección general o equivalente. Tendrá un inventario que solo recogerá información sobre la documentación que se produzca, siendo el inventario completo el que va reconstruyendo el archivo central.

Recuperación y actualización. La ordenación física de los expedientes sitúa a cada uno en un lugar determinado. Solo si se dispone del dato concreto que ha servido como criterio de ordenación se podrá acceder rápida y eficazmente a la información.

Aunque los expedientes solo pueden estar físicamente en un sitio, la información que contienen puede ser tratada como mejor convenga para su recuperación mediante el uso de los índices.

Figura 1.8. *Búsqueda de información.*

Un índice consiste en una lista ordenada de términos, extraídos del contenido de los documentos, acompañados siempre de los datos que permitan su localización física. Es conveniente que en las fichas o listas de índices figuren los datos básicos de identificar del expediente.

Como datos de localización es suficiente, para volúmenes pequeños de documentación, hacer referencia al criterio elegido para la ordenación, como el número de expediente. Es conveniente también hacer referencia a la localización física, bien al contenedor [número de caja y carpeta] o bien directamente a la ubicación del mismo.

La creación de índices permite tener ordenadas las series por tantos criterios como resulte necesario: personas, instituciones, topónimos, materias, fechas o números. Se puede realizar de forma manual, siempre en fichas, para poder intercalar la información relativa a los nuevos expedientes, o utilizando medios electrónicos.

Conservación y custodia. La conservación es una de las funciones principales de un archivo. Este proceso garantiza que la difusión pueda mantenerse para el mayor número de generaciones posibles.

Una poderosa razón para la conservación adecuada es el aspecto económico. Tanto en el ámbito privado como en el público, el deterioro supone la devaluación de una colección y, tanto la sustitución como la restauración material, supone el consumo de muchos recursos.

Cada archivo tiene unas necesidades concretas dadas por sus características y uso.

Hay que distinguir entre conservación preventiva, conservación curativa y restauración:

- Conservación preventiva: son las acciones indirectas utilizadas con el fin de retrasar el deterioro y prevenir los riesgos de alteraciones. Se trata de crear las condiciones óptimas de preservación compatibles para el uso social.

  Se distinguen dos tipos de tareas:

  1. Las que se efectúan sobre las condiciones ambientales y de uso, de forma ajena a las colecciones, como serían: el control y regulación de humedad y temperatura, luz y otros factores ambientales, el control y erradicación de plagas, el establecimiento de normas de manipulación adecuada o la planificación de acciones en caso de siniestro.
  2. Las efectuadas individualmente sobre un grupo determinado de objetos, como serían la protección en cajas, envoltorios, armarios, vitrinas, la limpieza del polvo depositado que se adhiere sobre la superficie exterior de los objetos o la introducción de ciertos ejemplares en cámaras de seguridad contra robo y catástrofes.

- Conservación curativa o reparadora. Consiste en intervenir directamente sobre el documento con el propósito de retrasar la alteración.

  Estos son los objetivos de la intervención directa:

  1. Limpiar todo aquello que dificulte la lectura o interfiera en la contemplación plena de los atributos estéticos de la obra.
  2. Consolidar la materia que presente una fragilidad o debilidad que haga al objeto vulnerable al deterioro físico durante su uso, independientemente que ese deterioro se haya producido o no.
  3. Estabilizar en la medida de lo posible la degradación química inherente a los materiales o provocada por productos ajenos, retardando la descomposición química de materiales inestables.
  4. Reparar el deterioro físico ocasionado y, eventualmente, reintegrar la materia perdida por diversas causas, con material nuevo que deberá diferenciarse claramente del original.

- Restauración: consiste en la intervención sobre los bienes culturales dañados o deteriorados, con el propósito de facilitar su comprensión, respetando, hasta donde sea posible, su integridad histórica, estética y física.

Los tratamientos de restauración, especialmente cuando el grado de deterioro de los materiales es muy alto, tienen una característica intrínseca que destaca sobre las demás, su elevado coste. Por este motivo, las intervenciones son lujos reservados a libros, documentos, dibujos habitualmente de fondo antiguo y con un estado de conservación que realmente requiera de esta intervención.

Todas las entidades tienen la obligación de adoptar las medidas necesarias para mantener la confidencialidad de la información contenida en los archivos. Algunas de estas medidas son:

- Identificación de la información y de su contenido como confidencial.
- Restricción del acceso a la información exclusivamente a aquellas personas que estén autorizadas.
- Establecimiento de claves de acceso en los sistemas informáticos que contengan la información confidencial.
- Disposición de sistemas de protección, como un antivirus, con el propósito de evitar la destrucción de información y el acceso a personas que no estén autorizadas.
- Control de las copias que se hacen de la documentación, identificando el número de copias realizadas y los usuarios que las piden.
- Disposición de cámaras de seguridad para controlar el acceso del personal del archivo.
- Instalación de sistemas de seguridad contra incendios para proteger la información.

En el caso de que la custodia esté a cargo de una empresa que gestione la custodia externa de los archivos, habrá que tener en cuenta los siguientes aspectos:

Servicio de recogida de información. La empresa se hace cargo de la retirada de la documentación y el traslado a los centros de custodia. Para ello la empresa se encarga de:

- Controlar *in situ* los fondos documentales que se van a trasladar.
- El traslado de la documentación se lleva a cabo por el equipo técnico de la empresa, se ubica en las instalaciones y se transfieren los datos a una aplicación informática.

- Se proporciona una base de datos al cliente con el inventario de los fondos documentales que se van a custodiar.

Servicio de custodia. Supone el depósito y custodia de los archivos en nuestros centros de custodia, proporcionando unas condiciones de seguridad, conservación y confidencialidad óptimas usando las tecnologías y los recursos más avanzados.

El acceso a los centros de custodia de la documentación se encuentra restringido al personal autorizado.

Servicio de consultas. En cualquier momento el cliente puede solicitar una consulta de la documentación depositada en los centros de custodia. La consulta puede realizarse de maneras distintas:

- Consulta física de carácter normal o urgente.
- Consulta telemática, por fax, correo electrónico o escaneando los documentos.
- Consulta presencial en el mismo centro de custodia, a cargo de un documentalista enviado por el cliente. Se ofrece al cliente un informe detallado de todas las consultas realizadas y de la documentación pendiente de devolver.

Servicio de expurgo y destrucción documental. Es la selección y retirada de documentos que han perdido su vigencia siguiendo los criterios del cliente. Posteriormente se procede a su destrucción utilizando máquinas destructoras cumpliendo la LOPD. Finalmente se procede a enviar el certificado de destrucción de la documentación.

1.4. Funciones y características de los sistemas operativos y de archivo

Para empezar podemos definir un sistema operativo como una serie de programas que permiten al usuario la administración eficaz de los recursos de un ordenador. El sistema operativo actúa de enlace entre las aplicaciones, el hardware y el usuario.

El sistema operativo comienza a trabajar cuando el usuario enciende el ordenador, realizando tareas básicas, sin las cuales el ordenador no funcionaría. Reconoce todos los elementos de un equipo informático, digamos que actúa como un policía haciendo que los programas no interfieran unos con otros.

Sobre el sistema operativo se instalan los programas, también llamados aplicaciones, con los que va a trabajar el usuario.

En una computadora suelen coexistir varios programas, de uno o varios usuarios, ejecutándose de manera simultánea. Estos programas compiten por los recursos de una computadora, y es el sistema operativo el encargado de arbitrar su asignación y uso. Como complemento a la asignación de recursos, el sistema operativo debe garantizar la protección de unos programas frente a otros y suministrar información sobre el uso que se hace de los recursos.

A grandes rasgos, se puede decir que un sistema operativo tiene las siguientes características:

Conveniencia. El sistema operativo hace más conveniente el uso de una computadora.

Eficiencia. Permite que los recursos de la computadora se usen de la forma más eficiente posible.

Habilidad para evolucionar. Debe construirse de manera que permita el desarrollo, prueba o introducción efectiva de nuevas funciones del sistema sin que interfiriera con el servicio.

Encargado de administrar el hardware. Se encarga de manejar mejor los recursos de la computadora en cuanto a hardware. Asigna a cada proceso una parte del procesador para poder compartir los recursos.

Relacionar dispositivos. Se debe encargar de comunicar a los dispositivos periféricos, cuando lo requiera el usuario.

Organizar datos. Para tener un acceso rápido y seguro.

Manejar las comunicaciones en red. Permite al usuario manejar con facilidad todo lo referente a la instalación y uso de las redes de computadoras.

Procesamiento. Se realiza por bytes de flujo a través del bus de datos.

Facilitar las entradas y salidas. Tiene la obligación de hacerle fácil al usuario el manejo de los dispositivos de entrada y salida de la computadora.

Entre las funciones de un sistema operativo podemos encontrar:

- Aceptar los trabajos y conservarlos hasta su finalización.
- Detectar errores y actuar de modo apropiado en caso de que se produzcan.

- Controlar las acciones de entrada y salida.
- Controlar las interrupciones.
- Planificar la ejecución de tareas.
- Entregar y retirar recursos a las tareas.
- Proteger la memoria contra el acceso indebido de los programas.
- Soportar el multiacceso.
- Proporcionar al usuario un sencillo manejo de todo el sistema.
- Aprovechar los tiempos muertos de la máquina para compartir los recursos de la máquina entre varios recursos.
- Administrar el sistema de cómputo como un todo armónico.
- Permitir que los diferentes usuarios se comuniquen entre sí, así como proteger los unos de los otros.
- Permitir a los usuarios almacenar información durante plazos medianos o largos.
- Facilitar a los usuarios un uso más sencillo de todos los recursos y lenguaje de los que dispone la computadora.
- Administrar y organizar los recursos de que dispone una computadora para conseguir la mejor utilización posible, en beneficio del mayor número de usuarios.
- Controlar el acceso a los recursos de un sistema de computadoras.

Entre los sistemas operativos más populares están el MS-DOS, OS/2, Macintosh OS, Unix y Microsoft Windows.

Para los usuarios el **sistema de archivos** es el aspecto más visible del sistema operativo. Los archivos almacenan datos y aplicaciones, y el sistema operativo implanta el concepto genérico de archivo administrando dispositivos de almacenamiento masivo.

Los archivos son administrados por el sistema operativo. La forma en la que se estructuran, nombran, acceden, usan, protegen e implementan se tiene en cuenta a la hora de diseñar un sistema operativo.

Los sistemas de archivos son un dispositivo de software que se encarga de administrar la información.

Son los métodos y estructuras de datos que emplea un sistema operativo para seguir la pista de los archivos de un disco o una partición, es decir, es la manera en la que se organizan los archivos en el disco. Sus principales funciones son:

- La asignación de espacio a los archivos.
- La administración del espacio libre.
- La administración del acceso a los datos resguardados.

El término también es utilizado para referirse a una partición o disco que se está utilizando para almacenamiento, o el tipo del sistema de archivos que utiliza. Así se puede decir que hay dos sistemas de archivo cuando se tienen dos particiones en las que se almacenan archivos.

La diferencia entre un disco o partición y el sistema de archivos que contiene es importante. La mayoría de programas trabajan sobre un sistema de archivos, por lo tanto no se podrá utilizar una partición que no contenga uno o que contenga uno que no corresponda.

Antes de que una partición o disco sea utilizada como un sistema de archivos, debe ser iniciada y que la estructura de datos esté escrita en el disco. A este proceso se le llama construir un sistema de archivos.

Un sistema de archivos debe tener las siguientes características:

- Debe permitir el acceso directo a la información contenida en los archivos, gestionando los diferentes bloques de memoria que contienen los archivos.
- Debe permitir gestionar archivos de gran tamaño.
- La información contenida en los ficheros será de carácter permanente y se corresponderá con la última escritura. Además, el sistema de ficheros controlará el acceso concurrente a los archivos y protegerá a los ficheros de accesos no autorizados, como el acceso de solo lectura, acceso de escritura, acceso de ejecución o la combinación de varios de estos.
- Los usuarios deben poder crear, modificar y borrar los archivos.

El sistema de archivos hace posible que el usuario no tenga que preocuparse por:

- Los dispositivos particulares.
- El lugar donde serán almacenados los datos.

- El tipo formato de los datos en los dispositivos.
- Los medios físicos de la transferencia de datos hacia y desde los dispositivos.

1.4.1. Configuración de objetos en sistemas operativos. Forma de operar

El sistema operativo proporciona una visión uniforme para todos los sistemas de almacenamiento, definiendo una unidad lógica de almacenamiento denominada **archivo**, que es un conjunto de información relacionada definida por su creador.

Podemos definir un archivo como una colección de información relacionada que se graba en almacenamiento secundario y a la cual se le asigna un nombre. Es la porción de almacenamiento secundario más pequeño.

Hay que saber que es imposible escribir datos en el almacenamiento secundario si no se está dentro de un archivo. Las reglas para nombrar un archivo varían de un sistema operativo a otro, pero la mayoría de ellos reconocen nombres de archivos con una gran longitud de caracteres.

Los archivos contienen información binaria. Dependiendo de su tipo y formato, la interpretación será diferente: líneas de código o instrucciones (programa), caracteres (archivo de texto), píxeles (formatos gráficos), notas musicales (archivos MIDI), registros (archivos de bases de datos)...

Cuando almacenamos un archivo, ya sea una imagen, video o un documento de Word, este conserva su nombre y sus características propias, pero se acopla al sistema de archivos existente en el dispositivo de almacenamiento.

Los archivos son referenciados por su nombre. Además, tienen otras propiedades o atributos, como por ejemplo el tipo, fecha, hora de creación, nombre o identificador del creador, longitud, tamaño, contraseña...

Los archivos almacenan la información de forma permanente, trascendiendo a la duración de los procesos que los utilizan o generan.

Las condiciones esenciales para el almacenamiento de la información a largo plazo son:

- Debe ser posible almacenar grandes cantidades de información.
- La información perdurará a la conclusión del proceso que la utiliza.
- Debe ser posible que varios procesos tengan acceso concurrente a la información.

Los directorios son tablas simbólicas de archivos. Una entrada típica puede contener:

- Nombre.
- Puntero de acceso al archivo, dirección de comienzo en el disco.
- Lista de atributos.

Las situaciones que se pueden dar:

- **Directorio de nivel único.** Era el sistema utilizado en los primeros microcomputadores. No se contempla la posibilidad de directorios, únicamente se reserva un espacio limitado en el disco para almacenar las entradas de ficheros, el directorio raíz. Es la estructura más sencilla que existe de directorios, pero plantea un problema de organización.
- Directorio de dos niveles: separa los directorios para cada usuario y da a conocer el camino completo del archivo. Permite una búsqueda eficiente aunque no facilita la cooperación entre los usuarios.
- Árbol de directorios. Las entradas del directorio correspondiente tienen un atributo más que indica si corresponde a un archivo (información en sí misma) o a un subdirectorio, contenedor de entradas de archivos. Permite crear nuevos archivos en el directorio actual.

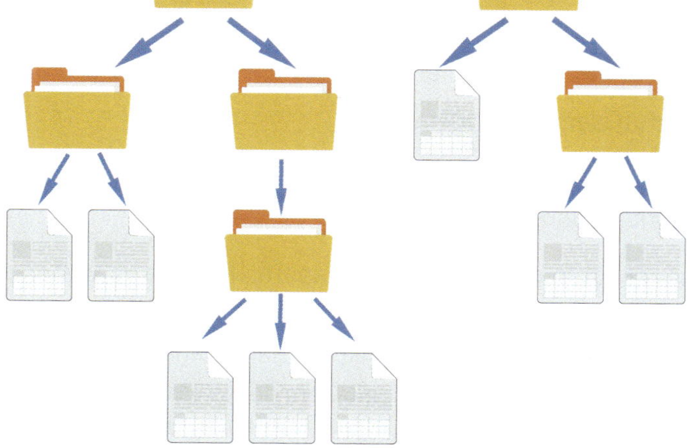

Figura 1.9. *Sistema de archivos.*

1.4.2. Creación/nombramiento, copia y eliminación de archivos, carpetas, subcarpetas y otras

Una de las muchas tareas que se pueden realizar con un sistema operativo como Microsoft Windows, es la de crear directorios y carpetas, copiar, eliminar, mover a otras carpetas, buscar archivos...

Crear carpetas

En ocasiones, nos puede resultar útil crear una carpeta para organizar los archivos. Hay varias formas distintas de hacerlo:

Para crear una carpeta primero hay que situarse en el lugar donde deseamos crearla. Luego hacemos clic en el botón Nueva carpeta de la Barra de herramientas. Podremos observar una nueva carpeta que tiene como nombre Nueva Carpeta. Este es el nombre que Windows aplica por defecto a las carpetas que creamos. Cuando queramos crear otra carpeta con ese nombre se llamará Nueva Carpeta (2), Nueva Carpeta (3), y así sucesivamente.

El nombre de la carpeta se puede cambiar cuantas veces queramos. Cuando se crea, el texto está en azul y en estado de edición. Eso significa que podemos escribir directamente su nombre.

Otra manera de crear una carpeta es situarse en el lugar que se quiere crear la carpeta y pulsar el botón derecho del ratón. Se abrirá un menú contextual y elegimos la opción Nuevo, después la opción Carpeta.

Eliminar archivos y carpetas

Cuando tengamos que eliminar, trataremos de la misma forma los archivos, ya sean documentos, accesos directos, imágenes y carpetas. Aunque sí debemos de tener en cuenta que si borramos una carpeta, también se borrarán todos los archivos y carpetas que contenga.

Para eliminar un elemento podemos:

- Seleccionar el archivo o carpeta y pulsar el botón Organizar. Ahora escogemos la opción Eliminar.
- Pulsar el botón derecho del ratón sobre él. Luego volvemos a pulsar en el menú contextual y elegimos la opción Eliminar. Si queremos eliminar más de un elemento, primero hay que seleccionarlo y luego hacemos clic con el botón derecho sobre cualquiera de los elementos seleccionados.
- Otra manera de eliminar es seleccionar los documentos que queramos eliminar y pulsar la tecla Supr.

Cuando eliminamos un archivo aparece un cuadro de diálogo que nos pregunta si estamos seguros de que queremos eliminar el elemento.

Cuando eliminamos un archivo, por defecto Windows lo moverá a la Papelera de reciclaje. La papelera de reciclaje es un espacio reservado en el disco duro para que en caso de haber eliminado algún elemento que nos era necesario podamos recuperarlo si así lo decidimos. Una vez vaciada la papelera ya no se podrá recuperar los archivos.

Copiar archivos

Cuando copiamos un elemento, lo que estamos haciendo es duplicarlo. Creamos una copia de él, en otra ubicación o en la misma. Para hacerlo tenemos dos opciones:

- Copiar el original: pulsamos con el botón derecho del ratón sobre el elemento que queremos copiar, se desplegará el menú contextual y elegimos la opción Copiar. También se puede hacer con las teclas rápidas Control + C. Aunque visualmente el usuario no vea nada, la copia ya se ha realizado.
- Lo pegamos donde se quiera: buscamos la carpeta donde queramos ubicar la copia que hemos realizado. Se abre la carpeta y hacemos clic con el botón derecho del ratón sobre la superficie de la ventana. En el menú elegimos la opción Pegar. La marcación con las teclas rápidas son Control + V.

Nombrar un archivo o carpeta

A veces necesitamos nombrar o cambiar de nombre a un archivo. Hay varias formas de hacerlo:

- Seleccionamos el archivo o carpeta. Pulsamos el botón organizar y pulsamos sobre la opción Cambiar Nombre.
- Desplegamos el menú contextual del archivo que queremos renombrar haciendo clic con el botón derecho sobre él y elegimos la opción Cambiar Nombre.
- Seleccionamos el archivo o carpeta y pulsamos F2.
- Hacer dos clics, uno para seleccionar y otro para renombrar, sobre el archivo o carpeta. Hay que ir con cuidado de no hacerlo rápido porque entonces sería un doble clic y abriría la carpeta o el documento.

Cuando veamos que el nombre esté enmarcado en un cuadro y subrayado en azul es que está en modo edición. Esto quiere decir que se puede escribir sobre este cuadro.

Se escribe el nuevo nombre y pulsamos la tecla Entrar o hacemos clic en cualquier zona de la ventana que no sea el archivo renombrado. De esta forma los cambios se hacen efectivos.

1.5. Técnicas de protección de accesos públicos y privados, en archivos convencionales e informáticos

Los archivos deben ser conservados para su uso por las generaciones actuales y futuras. El acceso une los archivos al público y facilita información a los usuarios sobre la institución y sobre lo que esta custodia y tiene una repercusión sobre la confianza que el público puede depositar sobre aquellos que custodian los archivos y sobre los servicios que facilitan.

Los archiveros son los pilares de la cultura de la accesibilidad, por ello han de cumplir las restricciones establecidas por las normas y autoridades.

Según el Consejo Internacional de Archivos, en el caso de los archivos establecidos la gestión de documentos electrónicos resulta relativamente nueva. El reto más importante supone encontrar una forma de hacer que los usuarios y el personal acepten modificar un sistema que funciona adecuadamente para incluir los documentos electrónicos. Esto exigirá cambiar las actitudes dentro del conjunto de la Administración y del propio archivo. Es necesario cambiar el estereotipo de trabajar en el archivo solo con documentos en papel.

El archivo debe disponer de un sistema que permita ofrecer los documentos que alberga a las personas que los solicitan, así como de unas normas de acceso a estos en función del tipo de documentos y de usuarios. Dentro de la accesibilidad juegan un papel importante las tecnologías, ya que los documentos electrónicos, para poder ser leídos, deben contar con la tecnología apropiada. En caso contrario no será posible acceder a su contenido. Además es conveniente que el archivo cuente con un sistema de búsqueda que facilite la recuperación de la información que interesa en el mínimo tiempo posible.

1.5.1. Niveles de protección: determinación

En la antigua Ley Orgánica de Protección de Datos era obligatoria la elaboración de un **documento de seguridad** por parte de los responsables de los ficheros.

Este documento identificaba los ficheros y especificaba las medidas técnicas y organizativas en función de los mismos. Era de obligado cumplimiento para el personal con acceso al sistema de información.

Las medidas de seguridad se clasificaban en tres niveles: bajo, medio y alto.

Con la entrada de la nueva RGPD, tanto el documento de seguridad como los ficheros desaparecen, en su lugar se exige al responsable del tratamiento, y en su caso al encargado, un registro de actividades de tratamiento que describa estas actividades y las medidas de seguridad que se vayan a aplicar.

Los niveles de seguridad anteriormente mencionados (bajo, medio y alto) se sustituyen por unas medidas establecidas por el RGPD que se establecen en función del riesgo detectado. Por ello se exige un análisis de riesgo previo al tratamiento.

El registro de actividades del tratamiento (RAT) debe incluir:

- Nombre y datos del contacto del responsable, representante del responsable y del delegado de protección de datos.
- Finalidad del tratamiento.
- Una categoría de interesados y otra de datos personales.
- Otra categoría de destinatarios a quienes se comunicaron (o se comunicarán) datos personales, así como terceros países u otras organizaciones internacionales.
- Transferencias de datos personales a terceros países u organizaciones internacionales.
- Plazos previstos para la supresión de los datos, siempre que sea posible.
- Una descripción general de las medidas técnicas y organizativas de seguridad.

Se puede decir que el RAT es una fusión de la declaración de ficheros y del documento de seguridad.

Es necesario señalar la aparición del responsable del tratamiento de los datos y del encargado del tratamiento de los datos.

El responsable del tratamiento de los datos es la persona física o jurídica que decide sobre el tratamiento de los datos, con qué finalidad se van a utilizar, con quién se van a compartir y durante cuánto tiempo se deben conservar.

Esta persona podrá determinar si, cuando finalice la prestación de los servicios del encargado, los datos personales deben ser destruidos, devueltos al responsable o entregados a su nuevo encargado.

Por otro lado, **el encargado del tratamiento de los datos** es la persona física o jurídica que trata datos personales por cuenta del responsable del tratamiento.

Siempre que, como responsable, se tengan que compartir datos de clientes, empleados, etc. con otra empresa o autónomo para que realicen un trabajo para ti y que implique el tratamiento de esos datos, hablamos de una relación de encargo de tratamiento que implica la presencia de un contrato de encargo en el que se definan las condiciones del tratamiento, finalidades, obligaciones...

En este sentido, la RGPD es más exigente y obliga a los responsables a ser más eficaces en la elección de los encargados para que acrediten garantías de cumplimiento.

1.5.2. Disposición de contraseñas y atributos de acceso

Con el propósito de impedir el acceso no autorizado a la información se implementarán procedimientos formales para controlar la asignación de derechos de acceso a los sistemas, datos y servicios de información.

El responsable de seguridad informática definirá un procedimiento formal de registro de usuarios para otorgar y revocar el acceso a todos los sistemas de información.

Se limitará y controlará la asignación y uso de privilegios, debido a que el uso inadecuado de los mismos es el factor más importante que contribuye a la falla de los sistemas a los que se ha accedido ilegalmente.

La asignación de contraseñas se controlará a través de un proceso de administración formal.

Existen cuentas de usuarios con las que es posible efectuar actividades críticas como pueden ser instalación de plataformas o sistemas, habilitación de servicios, actualización de software... No serán de uso habitual, sino que solo serán utilizadas ante una necesidad específica de realizar alguna tarea que lo requiera y se encontrarán protegidas por contraseñas de mayor complejidad.

El responsable de seguridad informática definirá procedimientos para la administración de dichas contraseñas críticas.

Los usuarios deben seguir buenas prácticas de seguridad en la selección y uso de contraseñas. Las contraseñas constituyen un medio de validación y autenticación de la identidad de un usuario, y consecuentemente un medio para establecer derechos de acceso a las instalaciones o servicios de procesamiento de información.

1.5.3. Autorizaciones de acceso o consulta, detección de errores en el procedimiento

La entrada a la zona de depósito del archivo está reservada a personal autorizado. Aquellos que acrediten tener un interés histórico, científico, estadístico o cultural relevante podrán solicitar al responsable del archivo autorización de entrada para el examen de la documentación obrante. La autorización podrá denegarse en razón de las necesidades de organización de los servicios o de la garantía del carácter restringido de determinados fondos obrantes en los archivos. Podrá determinar las condiciones en que deba realizarse la entrada.

Cuando en el archivo existan reproducciones de los documentos solicitados, se dará acceso a estas como norma general. En estos casos, solo cuando la materia o circunstancias de la investigación lo justifiquen y el estado de conservación de los documentos lo permita, se autorizará el acceso a los originales, previa presentación de la correspondiente solicitud de autorización.

1.6. Aplicación de procedimientos de seguridad y confidencialidad de la información

El hombre siempre ha protegido sus conocimientos debido a que le otorgan ventaja y poder sobre otros hombres y sociedades.

Las bibliotecas fueron los primeros lugares que surgieron para resguardar la información, transmitirla y evitar que otros la obtuvieran, produciéndose los primeros intentos de protección de la información. Con el avance de las nuevas tecnologías, el cuidado de la información se ha vuelto crucial para la sociedad.

Es importante mencionar que el manejo de la seguridad de la información está basado en las tecnologías y sabemos que puede ser confidencial. La información está centralizada y puede tener un alto valor, puede ser divulgada, mal utilizada, saboteada, borrada... Esto afecta a su utilidad y la pone en riesgo.

Según las posibilidades estratégicas que tiene la información, se puede clasificar en:

Crítica. Necesaria para la operación de las empresas.

Valiosa. Es un activo de la empresa y es muy valioso.

Sensible. Debe ser conocida por las personas autorizadas.

Riesgo. Existen un número indeterminado de amenazas que ocurren sin previo aviso que pueden producir enormes pérdidas para las empresas.

Seguridad. Es una forma de protegerse frente a los riesgos.

La seguridad de la información comprende diversos aspectos, entre ellos, la comunicación, la disponibilidad, la identificación de problemas, el análisis de riesgos, la integridad y la confidencialidad.

Podemos definir la **confidencialidad** como la propiedad de prevenir la divulgación de información a personas o sistemas no autorizados. Dicho de otra manera, es el acceso a la información solo por personas autorizadas en el momento que lo requieran.

Existen muchas definiciones sobre seguridad. En general, simplificando, podríamos decir que la seguridad de la información es la característica que indica que un sistema está libre de todo peligro, daño o riesgo.

Cuando hablamos de seguridad de la información damos por sentado que la información tiene una relevancia en un contexto determinado y por tanto hay que protegerla.

Podemos definir la seguridad de la información como el conjunto de medidas técnicas, organizativas y legales que permiten a una organización asegurar la confidencialidad, integridad y disponibilidad del sistema de información.

Hasta la implantación de los sistemas informáticos, toda la información relevante de una organización se almacenaba en archivadores de gran tamaño. Todos los datos de clientes, proveedores y empleados quedaban registrados en papel, lo que suponía un problema de almacenaje, transporte, procesado...

Los sistemas informáticos permiten la digitalización de la información reduciendo espacio ocupado y facilitando su análisis y procesado. Ofrece ventajas en espacio, acceso y rapidez en el procesado y presentación de la información.

Algunos problemas ligados a estas facilidades pueden ser la mayor facilidad para hacer desaparecer esta información. Es más fácil modificar su contenido debido a la mayor facilidad para acceder a la información.

Los problemas derivados de la seguridad de la información han ido cambiando y evolucionando, por lo que las soluciones a estos problemas han tenido que adaptarse a estos nuevos requerimientos.

Como podemos comprobar, el término seguridad de la información es bastante amplio y abarca conceptos más allá de lo puramente tecnológico.

Podemos decir que las bases de la seguridad tecnológica son las siguientes:

Fiabilidad. Como hablar de seguridad informática en términos absolutos es prácticamente imposible, se suele emplear más el término de fiabilidad de un sistema.

Se puede definir la fiabilidad de un sistema como la probabilidad de que un sistema se comporte tal y como se espera de él.

Se dice que un sistema está seguro si se garantizan estos tres conceptos:

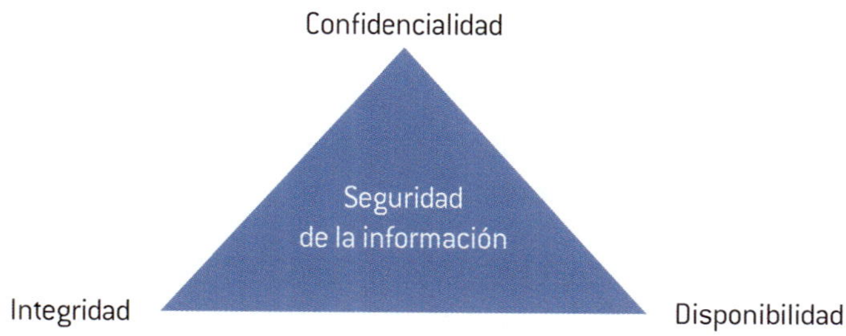

Figura 1.10. *Pilares de seguridad de la información.*

Confidencialidad. El término hace referencia a la necesidad de ocultar o mantener en secreto determinada información o recursos. El objetivo que tiene es prevenir la divulgación no autorizada de la información.

Cualquier entidad pública o privada necesita que cierta información que está en su poder no sea accesible. Como ejemplo podemos poner a las empresas que necesitan proteger sus diseños frente a sus competidores. El futuro de una empresa, así como su posicionamiento en el mercado, puede depender de la implementación de estos diseños, por lo que es necesario protegerlos mediante mecanismos de control de acceso para asegurar la confidencialidad de esta información.

Un mecanismo muy utilizado es la criptografía, que tiene como objetivo cifrar o encriptar los datos para que resulten incomprensibles para aquellos usuarios que no dispongan de los medios adecuados.

En estos casos es necesario proteger la clave de encriptación, necesaria para que el usuario no pueda descifrar la información recibida. Dependiendo del método de encriptación utilizado, la clave puede viajar por la red, corriendo el riesgo de que pueda ser capturada mediante herramientas diseñadas para este fin. Si esto se produce, la confidencialidad de la operación queda comprometida.

Integridad. En términos de seguridad de la información, hace referencia a la fidelidad de la información o recursos. El objetivo de la integridad es prevenir modificaciones no autorizadas de la información.

La integridad hace referencia a:

- La integridad de los datos (el volumen de datos).
- La integridad del origen (la fuente de los datos, recibe el nombre de autenticación).

La integridad del origen afecta a la exactitud, credibilidad y confianza que las personas ponen en la información.

Disponibilidad. El término hace referencia a la cualidad de estar disponible, listo para usarse. En términos de seguridad de la información, la disponibilidad hace referencia a que la información del sistema debe permanecer accesible a los elementos que estén autorizados. Su objetivo es evitar interrupciones no autorizadas de los recursos informáticos.

Un sistema está disponible cuando su diseño permite negar el acceso a datos o servicios determinados, es decir, un sistema está disponible si permite no estar disponible.

La seguridad de un sistema consiste en mantener el equilibrio entre estos factores. No tiene sentido que la confidencialidad de un archivo no permita ni siquiera que el administrador pueda acceder a ese archivo, ya que así se estaría negando el principio de disponibilidad.

Según el entorno o sus características, se puede dar prioridad a un aspecto de la seguridad o a otro.

Entre los mecanismos básicos de la seguridad podemos destacar:

Autenticación. Se define como el proceso de verificación de la identidad del usuario, generalmente cuando entra en el sistema o accede a una base de datos. Lo más natural es que para entrar a un sistema informático se utilice un nombre de usuario y contraseña. Pero cada vez más se están utilizando técnicas más seguras:

Se puede autenticarse de estas tres maneras:

1. Por lo que uno sabe (una contraseña).
2. Por lo que uno tiene (una tarjeta magnética).
3. Por lo que uno es (por las huellas digitales).

Utilizar más de un método de autenticación aumenta las probabilidades de que el proceso tenga éxito. Dependiendo de la información a proteger, se puede adoptar uno o varios modos de autenticarse.

La técnica de autenticación más empleada es el uso de contraseñas. El método será mejor o peor dependiendo de las características de la contraseña. Cuanto más larga y compleja sea, más difícil será burlar la protección del sistema. La contraseña debe ser confidencial, nadie más que el usuario puede conocerla.

Para que la contraseña sea difícil de adivinar debe tener un conjunto de caracteres amplio y variado (mayúsculas, minúsculas y números). En ocasiones los usuarios utilizan palabras o términos que resultan demasiado previsibles facilitando la labor a quien pretende acceder al sistema sin autorización.

Autorización. Entendemos autorización como el proceso por el cual un usuario autenticado puede usar los recursos de una organización.

El proceso varía en función de lo que se esté protegiendo. No toda la información tiene el mismo nivel de importancia. Los recursos y los datos se organizan en niveles, y cada uno de ellos debe tener una organización.

Dependiendo del recurso de autorización se puede hacer por medio de la firma en un formulario o mediante una contraseña. Es necesario que la posterior autorización quede registrada para ejercer su control.

Cuando se trata de datos, la autorización debe asegurar la confidencialidad e integridad, ya sea dando o denegando el acceso en lectura, modificación, creación o borrado de los datos.

Solo se debe dar autorización para acceder a un recurso a aquellos usuarios que lo necesiten para el desempeño de su trabajo, en caso contrario se les negará el acceso. En ocasiones se conceden autorizaciones transitorias para el usuario y se van modificando en función de sus necesidades.

Administración. Definimos este término como la que establece, mantiene y elimina las autorizaciones de los usuarios del sistema, los recursos y las relaciones que se puedan establecer entre ellos.

Los administradores se encargan de transformar las políticas de organización y las autorizaciones. La administración de la seguridad informática dentro de la organización es una tarea que requiere un seguimiento continuo, debido a que las tecnologías cambian muy rápidamente.

Por lo general, cualquier sistema operativo tiene la obligación de incorporar un módulo especializado en administrar la seguridad. También existen otros tipos de software externo y específicos que se pueden utilizar para cada caso.

Auditoría y registro. Se define como la continua vigilancia de los servicios en producción. Para ello se recaba información y se analiza.

Este proceso permite verificar a los administradores que las técnicas de autenticación y autorización utilizadas se realizan según lo acordado y se cumplen los objetivos fijados por la organización.

El registro es el mecanismo que almacena cualquier intento de violar las reglas de información en una base de datos. Posteriormente se lleva a cabo un análisis.

Los procesos de auditoría y registro no tienen sentido si al final no se lleva a cabo un proceso de análisis de la información recogida.

El proceso de monitoreo de la información registrada se realiza mediante medios manuales o automáticos, con una periodicidad que dependerá del nivel de protección de la información y del riesgo.

Mantenimiento de la integridad. Se define como el conjunto de procedimientos establecidos para evitar o controlar que los archivos sufran cambios no autorizados y que la información enviada desde un punto llegue a su destino sin ser modificada.

Algunas de las técnicas más usadas para mantener la integridad de los datos consisten en el uso de antivirus, encriptación, funciones hash...

1.6.1. Normativa vigente de protección de datos y conservación de documentación

El Reglamento General de Protección de Datos (RGPD) ya está en vigor desde abril de 2016, pero es de obligado cumplimiento para todas las empresas desde el 25 de mayo de 2018, fecha hasta la cual estuvo vigente la LOPD (Ley Orgánica de Protección de Datos).

Constituye un nuevo marco jurídico sobre la protección de los datos personales y sobre su libre circulación. Los principales cambios van enfocados a proporcionar una mayor seguridad a los usuarios. Se amplían claramente los derechos de los ciudadanos para que tengan mayor control sobre sus datos.

Es necesario señalar las diferencias entre LOPD y RGPD.

El Reglamento Europeo de Protección de Datos (RGPD) establece un marco general que debe ser respetado en todo el ámbito de la Unión Europea. Mientras tanto, la nueva Ley Orgánica de Protección de Datos y Garantía de los Derechos Digitales (LOPDD) adapta esta legislación al caso particular de España, ampliando y detallando las previsiones del RGPD. Es una de las más estrictas de la Unión Europea en materia de protección de datos.

Con la entrada de la nueva ley, las empresas y organizaciones que manejan datos de ciudadanos de la Unión Europea van a estar obligadas a aumentar las medidas de seguridad para los archivos y bases de datos que contienen datos personales.

Entre las obligaciones para las empresas nos encontramos:

- Más limitaciones a la hora de recoger los datos.
- Se debe realizar un análisis de riesgos antes de iniciar el tratamiento de los datos.
- Los datos deben estar protegidos desde el inicio. Para ello, se deben llevar a cabo evaluaciones de impacto.
- Se introduce la figura del **Delegado de Protección de Datos** (DPA).

Todas las entidades públicas y privadas que utilicen cualquier dato personal en el desarrollo de sus actividades están obligadas a cumplir con la Ley de Protección de Datos.

Normativa aplicable en materia de protección de datos de carácter personal, tanto en la legislación específica como en la sectorial:

REGLAMENTO (UE) 2016/679 DEL PARLAMENTO EUROPEO Y DEL CONSEJO. de 27 de abril de 2016. relativo a la protección de las personas físicas en lo que respecta al tratamiento de datos personales y a la libre circulación de estos datos y por el que se deroga la Directiva 95/46/CE (Reglamento General de Protección de Datos).

Corrección de errores del Reglamento (UE) 2016/679 del Parlamento Europeo y del Consejo, de 27 de abril de 2016, relativo a la protección de las personas físicas en lo que respecta al tratamiento de datos personales y a la libre circulación de estos datos y por el que se deroga la Directiva 95/46/CE (Reglamento General de Protección de Datos).

Ley Orgánica 3/2018, de 5 de diciembre, de Protección de Datos Personales y Garantía de los Derechos Digitales.

Ley Orgánica 3/2018, de 5 de diciembre, de Protección de Datos Personales y Garantía de los derechos digitales.

Novedades para los ciudadanos:

Derecho a conocer el registro de actividades de tratamiento de datos personales de las organizaciones públicas.

Estas organizaciones deben explicar de forma clara y sencilla quién trata los datos personales, con qué finalidad se tratan y qué base jurídica legitima ese tratamiento.

Derecho de los ciudadanos a ser informados sobre el ejercicio de sus derechos.

Los ciudadanos tienen derecho a ser informados del tratamiento de sus datos personales y de las vías para ejercer sus derechos de acceso, rectificación, supresión, derecho a la limitación del tratamiento, así como a la portabilidad y oposición.

Verificación de datos personales de los ciudadanos por los órganos y organismos del Sector Público.

Se podrá verificar, sin necesidad de solicitar el consentimiento del interesado, la exactitud de los datos personales manifestados por los ciudadanos y que estén en manos del Sector Público.

La aportación de documentación a los procedimientos administrativos por parte de los ciudadanos: modificación del artículo 28 de la Ley 39/2015.

Identificación de los ciudadanos en los actos administrativos.

Esta nueva ley impide el uso conjunto de apellidos, nombre y número completo del documento de identificación oficial de los ciudadanos en aquellos actos administrativos que vayan a ser objeto de publicación o notificación por medio de anuncios.

El consentimiento como base jurídica que legitima el tratamiento de datos personales de los ciudadanos.

Datos personales de personas fallecidas.

Las personas vinculadas a un fallecido por razones familiares, o sus herederos, pueden solicitar el acceso, la rectificación o supresión de los datos personales de la persona fallecida, salvo que esta lo hubiese prohibido expresamente en vida o así lo establezca una ley.

Menores.

Consentimiento y derechos. Se mantiene en 14 años la edad mínima en la que el menor puede dar su consentimiento para que se traten sus datos personales. Los titulares de la patria potestad podrán seguir ejercitando en nombre de los menores los derechos de acceso, rectificación, supresión, oposición u otros que pudieran corresponderles en el contexto de la protección de sus datos personales.

Educación digital. La ley refuerza, de forma destacada, las obligaciones del sistema educativo para garantizar la plena inserción del alumnado en la sociedad digital y en el aprendizaje de un uso de los medios digitales que sea seguro y adecuado para garantizar su privacidad, incluyendo una formación académica específica y exigiendo que el profesorado reciba una formación adecuada en esta materia.

Difusión de datos. Se establecen medidas para la protección de los datos de los menores en la red, indicando que los padres, madres o representantes legales procuren que los menores hagan un uso equilibrado y responsable de los medios digitales.

Inclusión en sistemas de información de solvencia crediticia ("ficheros de morosos").

Los ciudadanos podrán ser incluidos en los sistemas de información de solvencia crediticia cuando hayan contraído una deuda superior a cincuenta euros con algún prestador de servicios (la ley anterior no establecía ninguna cantidad mínima).

Limitación de la actividad publicitaria de las empresas: las "listas Robinson".

Los ciudadanos pueden registrarse en los sistemas de exclusión publicitaria (las conocidas como "listas Robinson") para evitar recibir publicidad no deseada a través de los canales postal, telefónico o electrónico.

Derechos de los empleados.

La ley garantiza el derecho a la intimidad de los empleados en el lugar de trabajo frente al uso de dispositivos de videovigilancia y de grabación de sonidos, así como frente al uso de los dispositivos digitales y sistemas de geolocalización, de los que deben ser informados de manera expresa, clara e inequívoca.

Derecho al olvido en redes sociales y otros servicios equivalentes.

Cualquier ciudadano tiene derecho a solicitar la supresión de los datos que él mismo haya publicado en redes sociales y otros servicios de la sociedad de la información.

Presentación de reclamaciones ante organizaciones que cuenten con Delegado de Protección de Datos (DPD).

Cuando las organizaciones hayan designado un Delegado de Protección de Datos (DPD), los ciudadanos podrán, antes de presentar una reclamación ante la

Agencia, dirigirse al DPD para que sea atendida. El Delegado comunicará al ciudadano la decisión que se hubiera adoptado dentro de un plazo máximo de dos meses.

La antigua LOPD contemplaba la expresión de ficheros como "un conjunto organizado de datos de carácter personal, independientemente de cuál sea la forma o modalidad de creación, almacenamiento, organización y acceso".

El RGPD y la nueva LOPD suprimen la expresión "fichero de clientes" (como ejemplo) y la reemplazan por la palaba "tratamiento". Ya no hablamos de "ficheros", sino de "tratamientos de datos personales".

Por otro lado, denominamos "tratamiento" a cualquier operación o conjunto de operaciones realizadas sobre los datos personales o conjuntos de datos personales, ya sea por procedimientos automatizados o no, como son la recogida, registro, organización, estructuración, conservación, adaptación o modificación, extracción, consulta, utilización, comunicación por transmisión, difusión o cualquier otra forma de habilitación de acceso, cotejo o interconexión, limitación, supresión o destrucción.

En algún momento se mencionan los datos especialmente protegidos en la LOPD y RGPD.

Cuando nos referimos a datos sensibles, o especialmente protegidos, son aquellos que inciden especialmente en la intimidad, las libertades públicas y los derechos individuales de las personas.

Por ello, es necesario un mayor nivel de protección.

En la antigua LOPD nos encontrábamos los relativos a ideología, creencias, religión, salud, vida sexual, origen racial e infracciones penales y administrativas.

Con el nuevo RGPD se añaden tres categorías más: datos genéticos, datos biométricos y orientación sexual.

También se exigen nuevas condiciones para el tratamiento de los datos, como la anonimización, el cifrado y la necesidad de un informe de impacto sobre la privacidad.

Se exigirá recabar el consentimiento explícito y específico para una actividad concreta.

Conservación de documentación y LOPD.

El artículo 4 de la LOPD regula el principio de calidad en el tratamiento de los datos de carácter personal. En el apartado 5 se dice que "Los datos de carácter personal serán cancelados cuando hayan dejado de ser necesarios o pertinentes para la finalidad para la cual hayan sido registrados".

En el artículo 8.6 de la LOPD podemos encontrar un matiz a lo enunciado por la LOPD.

Los datos se pueden conservar durante el tiempo que se pueda exigir algún tipo de responsabilidad derivada de una relación u obligación jurídica o de la ejecución de un contrato o de la aplicación de medidas precontractuales solicitadas por el interesado.

La cancelación de los datos puede solicitarla personalmente el interesado, dirigiéndose a la empresa u organismo encargado de su custodia. El responsable de los datos debe resolver esta solicitud en un plazo máximo de diez días. Una vez finalizado ese plazo, si no se ha resuelto, el solicitante podría interponer una reclamación ante la Agencia Española de Protección de Datos.

El procedimiento para la determinación de infracciones de derechos de acceso, rectificación, oposición y cancelación de datos se regulan en los artículos 117 y siguientes de Reglamento de desarrollo de la LOPD (RD 1720/2007).

El plazo máximo para dictar y notificar una resolución será de seis meses. Este cómputo empieza a contar a partir de la presentación de la solicitud del interesado. Si no se dicta resolución, el afectado puede considerar aceptada su solicitud, en virtud del silencio administrativo que se regula en el artículo 118 de dicho reglamento.

En el caso de que se produzca una utilización ilícita o cesión ilícita de los datos de carácter personal, el requerimiento debe ser atendido en un plazo máximo de tres días.

No obstante, se podrán realizar las actuaciones previas reguladas en los artículos 122 y siguientes del reglamento, previstas para determinar si el procedimiento sancionador es procedente en cada caso. Estas actuaciones previas tienen un plazo máximo de doce meses.

En la realidad, las organizaciones tienden a guardar todos los documentos por desconocimiento.

De esta forma, el plazo que se ha de cumplir lo marca el artículo 30 del Código de Comercio: *"Los empresarios conservarán los libros, correspondencia, documentación y justificantes concernientes a su negocio, debidamente ordenados, durante seis años, a partir del último asiento realizado en los libros, salvo lo que se establezca por disposiciones generales o especiales".*

En función de la actividad desarrollada por la organización, deberemos observar diferentes plazos de conservación.

A partir del 25 de mayo de 2018, el reglamento general de protección de datos (RGPD) será de obligado cumplimiento. Es de carácter europeo y viene a sustituir a la anterior ley orgánica de protección de datos (LOPD). Ante este cambio, se nos presentan dudas.

A continuación presentamos una serie de ejemplos prácticos para identificar los cambios más importantes que debemos tener en cuenta:

1. En el caso de que se manejen datos sobre menores, ¿qué tenemos que tener en cuenta?

Al tener que guardar y almacenar datos sobre personas menores de 13 años, se deben tener en cuenta unas consideraciones especiales. La más importante es la de contar con una autorización expresa del tutor legal (padre o madre) para poder trabajar con los datos de menores de 16 años.

El reglamento europeo ofrece la posibilidad de establecer una edad inferior, siempre que no sea menor de 13 años. En el caso de España, la edad está fijada en los 13 años, mientras que en la LOPD estaba en los 14. También se requiere que los responsables del tratamiento verifiquen que se ha dado el consentimiento paterno o de los tutores legales en caso necesario.

2. En caso de sufrir una quiebra de seguridad, ¿cuáles son los pasos a seguir?

Esto puede ocurrir cuando se produzca una simple pérdida accidental de datos de una memoria USB con datos de clientes, o un robo masivo de información mediante un ataque informático.

En estos casos se debe notificar a la autoridad de protección de datos competente, dentro del plazo de las 72 horas siguientes. En esta notificación se deben especificar las medidas que se han llevado a cabo para superar la quiebra de seguridad. En ocasiones, los afectados directos también pueden ser notificados.

3. ¿Cómo conseguir la máxima seguridad para los ficheros de datos?

El responsable del tratamiento de los datos tiene la obligación de registrar todas sus actividades. De este modo se demuestra que se está manteniendo el nivel de seguridad adecuado. En este registro deben figurar aspectos como la finalidad de los datos.

Las empresas con menos de 250 empleados están exentas en este sentido, salvo excepciones, como cuando el tratamiento entrañe un riesgo para los derechos y libertades de los interesados. Las empresas deben establecer medidas para garantizar la seguridad y evitar los riesgos.

4. ¿Mi empresa debe cumplir con el Reglamento Europeo de Protección de Datos?

La respuesta es positiva si la empresa trata con datos personales de ciudadanos de la Unión Europea. Se trata de saber dónde está la fuente de los datos, no dónde está la sede de la empresa. Por ejemplo, si estás en España y guardas datos sobre ciudadanos que viven dentro de las fronteras de la Unión Europea, es obligatorio cumplir con el Reglamento Europeo de Protección de Datos. Al almacenar teléfonos de clientes para ofrecerles un producto, guardar direcciones de compradores habituales, ofrecer servicios de tratamiento de datos a tercerosƐ En todos estos casos, al ser responsable de los datos, es de obligado cumplimiento el RGPD.

5. Otros aspectos a tener en cuenta del RGPD.

Esta ley busca mejorar la legislación en materia de protección de datos y unificarla a nivel europeo. Sustituye por completo a la ley española (LOPD). Aun así, las empresas que cumplen adecuadamente con la LOPD española. El responsable del tratamiento de los datos debe garantizar la seguridad de los datos y cumplir con la ley.

6. ¿Qué es el delegado de protección de datos?

Es una de las nuevas figuras introducidas por el RGPD. Debe estar en contacto directo con la directiva de la empresa y debe disfrutar de cierta autonomía. La empresa debe ofrecerle los recursos necesarios.

Solo es obligatorio que haya un delegado de protección de datos en los siguientes casos: autoridades y organismos públicos, responsables que lleven a cabo una observación habitual y sistemática de interesados a gran escala, y cuando se traten datos sensibles a gran escala.

7. ¿Qué es un fichero?

Es aquel conjunto estructurado de datos personales, que son accesibles con arreglo a criterios determinados, ya sea centralizado, descentralizado o repartido de forma funcional o geográfica.

8. ¿Se debe proporcionar un usuario y contraseña individualizados a los empleados de una empresa?

Sí. Un responsable debe establecer un mecanismo que pueda permitir la identificación de forma inequívoca y personalizada de todo usuario que intente acceder al sistema de información y la verificación de que está autorizado, así como un mecanismo de autenticación que utilice contraseñas, mediante un procedimiento de asignación, distribución y almacenamiento que garantice la confidencialidad e integridad. Cada usuario tendrá su contraseña individual que no comunicará a terceros y que como mínimo se recomienda cambiar una vez al año.

9. ¿Estoy obligado a notificar la creación de ficheros ante la AEPD?

No. Con la entrada y aplicación del RGPD el 25 de mayo de 2018, desaparece la obligación de notificar ficheros a la Agencia Española de Protección de Datos (AEPD). En el RGPD se establece que se debe elaborar un registro de actividades donde se incluirán el nombre y los datos de contacto del responsable, los fines del tratamiento, una descripción de las categorías de interesados y de las categorías de datos personales, las categorías de destinatarios a quienes se comunicaron o comunicarán los datos personales, las transferencias internacionales de datos personales y los plazos previstos para la supresión de las diferentes categorías de datos.

10. ¿Cuál es la misión de la Agencia de Protección de Datos Española?

Es el organismo encargado del cumplimiento de la legislación sobre protección datos y su correcta aplicación, especialmente en el apartado de derechos de información, acceso, rectificación, oposición y cancelación de los datos.

1.6.2. Copias de seguridad

Las copias de seguridad son una herramienta fundamental para evitar la pérdida irrecuperable de información.

Es una práctica habitual desde hace mucho tiempo hacer copias periódicas de los servidores, archivos y bases de datos. Se copian en cintas con una gran capacidad, que son almacenadas en cajas en distintas localizaciones. De esta manera, se protegen en caso de desastre para poder ser recuperadas en su estado original.

Con el paso del tiempo se han ido desarrollando modernas medidas de copia, con sistemas robotizados y en redes de alta velocidad que facilitan en gran medida el proceso.

No todas las organizaciones ponen a disposición de sus empleados un servicio de copias de seguridad para facilitarle el proceso. El proceso de copia se puede prolongar, pero resulta muy beneficioso en caso de tener algún problema.

En este aspecto, podemos hablar de un nuevo concepto a la hora de hablar de copias de seguridad, la **nube**.

Figura 1.11. *La nube.*

La **nube** de Internet es un nuevo modelo de uso de los equipos informáticos. Se trasladan parte de los archivos y programas a un conjunto de servidores a los que se puede acceder a través de Internet. La información es almacenada en esos servidores, que permiten abrir esos archivos y programas sin estar dentro de la memoria.

Lo que normalmente estaría almacenado en un PC pasa a estar disponible en los servidores que forman la nube.

En inglés se suele usar el término "Cloud Computing", que se puede abreviar simplemente como "The cloud".

Es probable que un usuario la esté utilizando, aunque no sea consciente, al usar redes sociales como Facebook, Twitter o Pinterest. En sus servidores se almacenan mensajes, fotos y vídeos.

Para poder acceder a estos archivos y utilizarlos es necesario conectarse a Internet e identificarse con nombre de usuario y contraseña. Ninguno de esos datos y aplicaciones que se manejan en Internet están en el equipo del usuario. Todo se almacena en la nube, incluidos los programas.

Ventajas

- Se puede acceder desde cualquier sitio y desde varios dispositivos. Solo falta tener una conexión a Internet para acceder a los archivos y programas y usarlos en modo remoto. Se puede acceder desde un PC, portátil, *tablet*, iPad o *smartphone*.
- Todo el *software* está en un mismo sitio. De este modo, no es necesario instalar los programas en el equipo del usuario, ni tampoco actualizar los programas, ya que de ello se encarga el proveedor. Solo es necesario tener instalado el navegador de Internet para acceder y poder trabajar.
- Ahorro en hardware y software. Un mismo programa puede ser compartido por varios usuarios sin necesidad de comprar una copia individual para cada uno de ellos. De este modo, se abarata el precio de las aplicaciones. Como todos los programas se ejecutan fuera del equipo del usuario, no es necesario gastar mucho dinero en un ordenador muy potente o con un disco duro muy grande.
- Ahorro en mantenimiento técnico. Los usuarios tienen menos problemas informáticos. El proveedor se encarga del mantenimiento técnico de sus propios servidores. El usuario no necesita saber crear redes para compartir recursos, ya que puede hacerlo a través de la nube.

- Escalabilidad. Es la capacidad de aumentar o reducir los recursos de infraestructura de forma dinámica según sea necesario para adaptarse a los cambios en la carga de trabajo de manera autónoma. De esta forma, se maximiza el uso de los recursos y se consigue un ahorro en los costes de infraestructura en general.
- Seguridad. Existe un debate sobre si la nube es más o menos segura que los medios tradicionales. En la teoría tendría que serlo, ya que determinados servidores deben ser más seguros que un PC particular.

Desventajas

- Posible falta de seguridad y privacidad. Al tener que almacenar todos los archivos fuera del equipo, se pierde control sobre ellos. No se sabe con certeza quién puede acceder a esa información o si está debidamente protegida. Supone un riesgo para los usuarios, pero también para las empresas. Se ven obligadas a confiar en terceros y además está la amenaza de los "hackers", que pueden acceder desde otros equipos.
- Sin Internet no hay nube. Todo depende de la conexión, de lo contrario el cliente no podrá acceder a los datos ni los programas.
- Conflictos de propiedad intelectual. Al no estar la información en manos de los clientes, pueden surgir conflictos por determinar a quién pertenece. Eso puede provocar que el cliente cambie de proveedor o que se cometan ilegalidades.

Al usar la nube, hay una serie de precauciones básicas que se deben tomar:

Realizar copias de seguridad de aquello que no se quiera perder.

Es recomendable hacer copias de fotos, vídeos, e-mails que estén bajo el control del cliente en un dispositivo (disco duro, *pendrive..*). De esta manera no se perderán en caso de que sean robadas.

Respetar tu propia privacidad. No es necesario poner toda la información del cliente. Puede que alguien esté recopilando este tipo de información, por ello hay que ser prudente.

Cambiar las contraseñas con cierta frecuencia. Es recomendable no usar la misma contraseña en servicios distintos. Hay que asegurarse de que sean largas, de al menos quince o veinte caracteres. Es más segura una contraseña larga compuesta por múltiples palabras, que una corta que contenga caracteres extraños.

Es necesario seguir todos estos pasos para prevenir virus y "hackers".

EJERCICIOS

1.1. Entre las principales funciones del archivo de gestión están:

a) La formación de expedientes y series documentales producidos en la oficina.

b) Estudiar y valorar las series documentales.

c) Conservar la documentación de forma permanente al servicio de la investigación y la cultura.

1.2. ¿Cuál es el período de conservación de los documentos en el archivo de gestión?

a) De diez a quince años.

b) De cinco o seis años.

c) De quince a treinta años.

1.3. Los índices de archivo:

a) Es un instrumento muy útil para evitar la duplicidad.

b) Es un instrumento que permite conocer el contenido y el lugar de la documentación en la empresa.

c) Ninguna es correcta.

d) a y b son correctas.

1.4. Indica cuáles de estas funciones del sistema operativo son correctas:

a) Proporcionar al usuario un sencillo uso del sistema.

b) Controlar el acceso a los recursos de un sistema de computadoras.

c) Evitar que puedan acceder varios usuarios al sistema operativo.

1.5. Es válida esta definición de archivo: colección de información relacionada que se graba en almacenamiento secundario y a la cual se le asigna un nombre.

a) Sí.

b) No.

1.6. A la hora de mantener la confidencialidad de la información, un mecanismo muy utilizado es:

a) La digitalización.

b) La encriptación.

c) Establecer privilegios.

1.7. ¿Cuál de estas definiciones corresponde con el término de autenticación?

a) El proceso de verificación de identificación de la identidad del usuario generalmente c uando entra en el sistema o cuando accede a una base de datos.

b) El proceso por el cual la red de datos autoriza al usuario identificado a acceder a determinados recursos de la misma.

c) a y b son correctas.

1.8. ¿En qué etapa del archivo se transferirá la documentación al archivo histórico?

a) Archivo de gestión.

b) Archivo central.

c) Archivo intermedio.

d) En cualquiera de las anteriores.

1.9. En el archivo, a la hora de solicitar cierta documentación será necesario:

a) Indicar con claridad el documento o conjunto de documentos a los que se refiere.

b) Indicar con claridad el documento o conjunto de documentos a los que se refiere, así como la identidad del solicitante.

c) Indicar el motivo de acceso a los documentos.

d) a y c son correctas.

1.10. La entrada de acceso al depósito de archivo queda reservada a:

a) El personal de mantenimiento.

b) Aquellos que acrediten un interés histórico, científico, estadístico o cultural relevante.

c) Personal autorizado por el mismo centro.

2. Optimización básica de un sistema de archivo electrónico

Contenido

2.1. Equipos informáticos: puesta en marcha, mantenimiento operativo y revisión periódica que eviten anomalías de funcionamiento

2.2. Optimización de sistemas operativos monousuario, multiusuario, y en red

2.3. Sistemas operativos en redes locales: configuración básica de un sistema de red, actualización y acciones para compartir recursos

2.4. Aplicación de medidas de seguridad y confidencialidad del sistema operativo: programas de protección (antivirus, *firewire*, *antispam*, otros)

2.5. Medidas de conservación e integridad de la información contenida en los archivos. Y salvaguarda de los derechos de autor

2.6. Normas vigentes en materia de protección de datos y confidencialidad electrónica

Antes de entrar a definir los archivos electrónicos, vamos a definir con claridad lo que son los documentos electrónicos.

Se define documento electrónico "aquel documento que necesita de una máquina que funcione de forma electrónica, de forma analógica o digital, para ser reproducido o visualizado".

Se llama documento informático o digital "aquel documento electrónico que está codificado sobre la base de una codificación binaria y que precisa de un ordenador para poder ser visualizado".

Por último, se llama documento telemático "aquel documento, analógico o digital, que se transmite mediante un sistema electrónico".

En adelante nos centraremos en la definición de documento informático o digital.

Los documentos electrónicos son creados con equipos informáticos, pueden ser reproducido mediante herramientas informáticas y solo son accesibles mediante aplicaciones informáticas.

La codificación binaria que compone estos documentos solo adquiere existencia cuando es interpretada por un software y un hardware determinados.

Por lo tanto, el documento electrónico, a diferencia del documento en papel, es accesible mediante un equipo tecnológico.

Hay que tener en cuenta un conjunto de elementos y características que permiten al usuario experimentar los objetos digitales, que reciben el nombre de propiedades significativas del documento electrónico.

El proyecto Inspect, impulsado por los Archivos Nacionales del Reino Unido, está desarrollando una metodología para describir, cuantificar, evaluar y medir las propiedades significativas de un objeto digital, al que define como las características de los objetos digitales que deben ser conservadas a lo largo del tiempo para asegurar la continua accesibilidad, usabilidad y significación de los objetos.

El proyecto Inspect ha clasificado las propiedades significativas en cinco clases:

- **Contenido:** expresión de la información, no necesariamente de forma legible (texto, imágenes...).
- **Contexto:** la información que permite la comprensión del entorno tecnológico y administrativo con el que el objeto se relaciona, así como su procedencia (autor, fecha...).
- **Apariencia:** la forma en que el contenido se visualiza ante el usuario (fuentes, colores...).

- **Estructura:** la organización de las partes que componen el objeto y la forma en la que se relacionan una con otras (cabeceras, paginación...).
- **Comportamiento:** las funciones propias del objeto, como los enlaces hipertextuales, las fechas actualizables...

Por otro lado, los documentos electrónicos son en ocasiones documentos administrativos o de archivo.

Gestionar los documentos únicamente por su contenido, significa gestionar directamente la información que contienen. Son muy numerosos los diferentes sistemas que gestionan de una manera eficaz la información digital, por lo que no es necesario conservar el esquema inicial del documento original. Aunque el documento cambie de forma o soporte, la información será igualmente accesible para el usuario.

Por lo contrario, cuando sea necesario gestionar y conservar un documento por su valor evidencial, no es tan simple. No solo es necesario permitir el acceso al documento sino también a su forma externa, estructura, funcionalidades y sistemas de autenticación. Es necesario saber quien produjo el documento, en qué condiciones y tener la seguridad de que no ha sido modificado desde el momento de su creación. Todo esto nos obliga a tomar una serie de precauciones durante su gestión y conservación.

Para que el documento electrónico sea considerado un documento administrativo o de archivo, no es suficiente que posea una serie de valores evidenciales. Debe estar en condiciones de conservar los valores durante todo el ciclo vital, para que se pueda decidir al final si su vida prosigue o si es eliminado.

Esto solo es posible si el documento cumple una serie de características. De esta forma, para que el documento electrónico pueda tener el valor evidencial debe cumplir estos requisitos:

- **Auténtico.** Debe ser una evidencia clara y exacta de lo que se escribe, pudiendo comprobar la identidad del autor.
- **Íntegro.** El documento no puede ser modificado en el momento que alcanza su fase final, cuando pasa de borrador a original. Cualquier alteración del documento a partir de este momento eliminará automáticamente su valor evidencial. A veces es imposible evitar que se modifique el documento final, por lo que es necesario poner en conocimiento del autor los cambios efectuados. La autenticidad de un documento depende de que se mantenga su integridad.
- **Aumentable.** Aunque el documento haya llegado a un estado definitivo, es posible que se puedan añadir nuevas informaciones, como el sello

electrónico con la fecha de recepción o bien modificado para garantizar que se mantiene la legibilidad, mediante una migración del código fuente a otro formato, por ejemplo. Es necesario que la estructura de los documentos permita estas ampliaciones de información, sin que se altere su integridad o se anule el valor evidencial.

Atendiendo a su ciclo de vida, para que sea posible gestionar el documento electrónico se deben dar las siguientes condiciones:

- **Capturable.** El documento electrónico es una entidad intelectual dentro de un contexto tecnológico. Para poder ser gestionado, el documento debe tener unos límites reconocibles que lo hagan susceptible de ser tratado como un todo. Esta delimitación implica que sea posible identificar sus componentes, así como el momento en el que deja de ser un borrador y se convierte en un documento original.
- **Clasificado.** Cuando declaremos un documento como original, es necesario asignar también un ciclo de vida, el cual determinará unas fechas de conservación, eliminación y migración, que se ejecutarán desde el mismo momento de su asignación.
- **Localización.** Es necesario el fácil acceso y localización de documentos. Esto conlleva la asociación de descripciones detalladas por cada documento para poder describir su contenido, permitiendo su recuperación con mayor precisión. La descripción de cada documento debe estar estructurada en forma de metadatos para mantener su unidad como objeto digital.
- **Conservable.** El documento electrónico debe estar almacenado en un soporte y formato que permita su conservación durante el tiempo que establezca el ciclo de vida que tenga asignado y en las mismas condiciones que establezca la política de conservación de la organización.

Los sistemas de archivo electrónico tienen la finalidad de conservar a largo plazo los documentos electrónicos con independencia de su período de obsolescencia, para garantizar su legibilidad y acceso en el futuro.

Para gestionar un archivo electrónico es necesario conservar, mantener la inalterabilidad y el acceso sin límite de tiempo.

Podemos establecer las siguientes funciones del archivo digital:

- Recepción o ingreso de los documentos y preparación de estos para su conservación a largo plazo. Es necesario identificar los formatos de fichero originales y su conversión a formatos que permitan la preservación, la extracción de metadatos, la verificación del cumplimiento de las especificaciones de ingreso como pueden ser las reglas de integridad, la ausencia de cifrados y virus..., la asignación de identificadores, almacenaje en contenedores de información de archivo y la autentificación mediante firma electrónica.

- Almacenamiento y conservación a largo plazo. Se requiere un proceso de vigilancia tecnológica para evitar problemas de obsolescencia. En función de los problemas detectados se actualizarán los formatos vigentes y se migrará o transformará el formato de los documentos conservados para garantizar su legibilidad.
- Difusión o gestión del acceso. Implica la transformación de los documentos conservados a un formato y una estructura de visualización que facilite el acceso a los usuarios externos.

Las operaciones que componen el funcionamiento de un archivo electrónico se pueden ejecutar de forma independiente dentro de un sistema de archivos. Para poder dar soporte a estas operaciones se desarrollan herramientas, las cuales se pueden clasificar en tres tipos:

- Los detectores de formatos, que desde el análisis del código fuente del documento electrónico proporcionan información técnica sobre las características estructurales y semánticas. Permiten asociar al documento una descripción con metadatos de forma fiable. Los registros de formatos son servicios, a menudo accesibles en línea, que mantienen un control autoritario de los formatos de fichero, facilitando la metadescripción de los documentos y asocian cada formato a los emuladores específicos.

Figura 2.1. *Archivos electrónicos.*

- Las herramientas de creación de objetos de información de archivo, que permiten gestionar el proceso de ingreso de los documentos en el archivo, extraer sus metadatos descriptivos, su transformación en objetos digitales conservables, encapsulación y autenticación previas a la entrada en el archivo. Suelen ser los propios archivos los que desarrollan y distribuyen las herramientas entre las organizaciones de quienes reciben documentos electrónicos, con el fin de facilitar la transferencia.

- Los emuladores o visores es una tecnología que permite la visualización de los documentos electrónicos archivados sin disponer del software original, manteniendo en la medida de lo posible el aspecto y las funcionalidades de los documentos en su entorno tecnológico original.

2.1. Equipos informáticos: puesta en marcha, mantenimiento operativo y revisión periódica que eviten anomalías de funcionamiento

La realización de trabajos por medios informáticos en una organización requiere de una cierta organización en los equipos de personal encargado de su realización. Una buena organización depende de la consecución de los objetivos fijados mediante el óptimo aprovechamiento de los recursos disponibles.

La informatización de la administración y de la gestión de una empresa afecta al proceso de la información y conlleva actividades de análisis, programación y explotación de programas mediante el uso de computadoras, con el objetivo de optimizar los resultados con el mínimo riesgo, tiempo y coste. Cuando informatizamos una organización, esta puede variar en la estructura y en la organización.

La gestión se describe como el proceso que permite definir estructuras de la empresa y obtener recursos que puedan satisfacer los objetivos y la planificación prevista para esta, empleándolos de una forma óptima. Normalmente, de la información dependen la programación y planificación de las estrategias de la organización, basándose en ella la elección de alternativas y decisiones. La disponibilidad de mayor cantidad y calidad de información es fundamental a la hora tomar decisiones.

Se puede decir que la información influye directamente en los siguientes aspectos fundamentales de una organización:

- Objetivos fijados.
- Estrategias planteadas.
- Alternativas posibles.

- Elementos de decisión.
- Realización de procesos y actividades.

Para llevar a cabo el proceso de informatización de la administración y la gestión de la organización es necesario, además de aplicar las herramientas adecuadas, el uso de una metodología apropiada. Mediante la informatización se persigue un conjunto de objetivos entre los cuales podemos destacar:

- Facilitar el tratamiento de grandes volúmenes de datos.
- Reducir el coste en la administración y gestión empresarial.
- Amentar la fiabilidad, seguridad y rapidez de los resultados.
- Integrar unos sistemas informáticos con otros.
- Rentabilizar el cambio.

El diseño de un sistema informático para la administración y gestión de una organización debe cumplir los siguientes requisitos:

- Los costes no excederán del máximo establecido.
- El tiempo de desarrollo estará dentro de los límites prefijados.
- Los resultados serán los previstos en los objetivos.

El mantenimiento de un sistema informático tiene como objetivo conseguir que los equipos informáticos sean operativos el mayor tiempo posible. Durante ese tiempo, deben funcionar de la manera más eficaz y con el máximo de seguridad para el personal que los utiliza. El mantenimiento de software como de hardware.

Para llevar a cabo este mantenimiento en España y en el resto de Europa, existen una serie de técnicas específicas. Concretamente en España estas técnicas se recogen en una metodología denominada MÉTRICA.

Un sistema informático utiliza computadoras para almacenar datos, procesarlos y ponerlos a disposición de quien se considere oportuno.

Los sistemas de información tienen muchos elementos en común, la mayoría de ellos están formados por:

- Personas: son un componente esencial en cualquier sistema de información. Producen y utilizan la información de sus actividades diarias para decidir lo que se debe hacer. Las decisiones pueden ser rutinarias o complejas.

- Procedimientos: los sistemas de información deben soportar diversas clases de actividades del usuario, por eso hay que establecer procedimientos que aseguren que los datos correctos llegan a las personas adecuadas en el momento adecuado.
- Equipo: formado por todos los ordenadores y todos los dispositivos necesarios.

Para realizar un buen mantenimiento es necesario conocer el ciclo de vida de un sistema informático. El ciclo de vida de un sistema informático es el conjunto de fases por las que atraviesa desde que se crea hasta que se destruye. Estas fases son las siguientes:

- Construcción o instalación: en esta fase se crea el sistema informático, donde se crea su funcionalidad y se instala.
- Explotación: es la fase en la que el sistema informático se encuentra en funcionamiento. En esta fase se tienen en cuenta aspectos como el mantenimiento del sistema, su ajuste y ampliación.
- Destrucción: se desinstala el sistema informático, incluyendo el reciclado y almacenamiento.

En el mantenimiento de un sistema informático se lleva a cabo en tres niveles: hardware, software e información.

Nivel de mantenimiento de hardware

En este nivel se tiene en cuenta el estado de los equipos y periféricos del sistema.

Los fallos en este nivel se dan en forma de averías que pueden ser por desgaste de los materiales o por accidentes. El grado de la avería influye directamente en el comportamiento del sistema, ya que en muchas ocasiones puede llegar a afectar a una gran parte del mismo, llegando a inutilizarlo de forma temporal o definitiva. En el ámbito empresarial el impacto de una avería supone al menos, la pérdida de tiempo de trabajo de un empleado. Pero existen casos donde hay pérdida económica y de imagen.

Las tareas realizadas en este nivel de mantenimiento son:

- Limpieza de los dispositivos de hardware.
- Control del funcionamiento en condiciones de estrés del equipo (voltaje, temperatura...).

- Reemplazar o reparar los componentes que funcionan de manera incorrecta.

Nivel de mantenimiento de software

Todas las computadoras necesitan de un software para funcionar. El mantenimiento asociado a este nivel se centra en las aplicaciones y datos alojados en los equipos del sistema. La instalación de software en miles de equipos repartidos por una oficina o diversas sedes no es nada sencillo y es común cometer errores como la pérdida de información o los comportamientos erróneos en aplicaciones.

Las principales causas de estos errores se deben a:

- La presencia de software pirata o no autorizado.
- Incompatibilidades de las aplicaciones corporativas con el hardware o el sistema operativo.
- Descontrol de las licencias de software comercial.
- Aparición de virus informáticos que afectan al software instalado.

Para evitar estos problemas se suelen llevar a cabo medidas como:

- Limpieza de archivos y programas en los equipos.
- Mantenimiento de la información almacenada.
- Configuración adecuada del sistema operativo.
- Revisión de la seguridad de los equipos (virus, firewall...).

Nivel de mantenimiento de la documentación

La documentación de sistemas nos dice qué hacen los sistemas, cómo lo hacen y para quién lo hacen. Es fundamental para el entendimiento de quien vaya a usar el sistema para mantenerlo, para permitir auditoria del sistema y para enseñar a los usuarios cómo interactuar con el sistema y a los operandos cómo hacerlo funcionar.

La documentación adecuada, completa y actualizada de un sistema que se desea implantar, mantener y actualizar de forma satisfactoria es esencial. Sin embargo, es la parte a la que se dedica menos tiempo y atención.

Siempre se debe documentar un sistema como si no fuera a volver nunca. Si la documentación del sistema fuera incompleta, podría hacer que el sistema quedara en desuso debido a la ignorancia de su funcionamiento.

Dentro de la documentación de un sistema de información, se debe incluir un registro cada vez que se realice un mantenimiento o cambio en el sistema.

La tarea fundamental de este nivel es la de crear y actualizar la documentación existente del sistema cada vez que se realice una actuación sobre el mismo.

Se pueden establecer los siguientes tipos de mantenimiento:

Mantenimiento predictivo

El mantenimiento predictivo está basado fundamentalmente en detectar un fallo antes de que suceda, para dar tiempo a corregirlo sin perjuicios al servicio, sin que se detenga la producción. Estos controles se llevan a cabo de forma periódica o continua, en función del equipo disponible, el sistema productivo...

Para ello se usan instrumentos de diagnóstico, aparatos y pruebas no destructivas, que permiten comprobar el estado de los componentes del sistema sin detenerlo.

Las herramientas utilizadas se suelen emplear de forma continua y en muchas ocasiones se monitorizan desde un equipo central. Un ejemplo serían los indicadores de temperatura de los equipos o el estado de utilización del disco duro.

El mantenimiento predictivo de un sistema permite:

- Reducir los tiempos de parada.
- Seguir la evolución de un defecto en el tiempo.
- Optimizar la gestión del personal de mantenimiento.
- Verificar el estado de la maquinaria, tanto realizada de forma periódica como de forma accidental. Permite confeccionar un archivo histórico del comportamiento mecánico.
- Conocer con exactitud el tiempo límite de actuación que no implique el desarrollo de un fallo imprevisto.
- Toma de decisiones sobre la parada de una línea de máquinas en momentos críticos.
- Confeccionar formas internas de funcionamiento o comprar nuevos equipos.
- Permitir el conocimiento del historial de actuaciones, para ser utilizada por el mantenimiento correctivo.
- Facilitar el análisis de las averías.
- Permitir el análisis estadístico del sistema.

Mantenimiento preventivo

El mantenimiento preventivo consiste en aplicar una serie de técnicas y procedimientos al sistema para minimizar el riesgo de fallo y asegurar su correcto funcionamiento durante el mayor tiempo posible, alargando así su vida útil.

Este tipo de mantenimiento es el más utilizado en la mayoría de las organizaciones, hasta tal punto que cada una de ellas suele tener su propio Plan de Mantenimiento Preventivo en la que se establecen las medidas a llevar a cabo con cada uno de los componentes que formar el sistema. Además, se debe detallar qué se va a analizar y cada cuánto tiempo debe ser analizado.

Existen dos tipos de técnicas aplicables en tareas de mantenimiento preventivo:

Mantenimiento preventivo activo: este tipo de mantenimiento involucra la limpieza del sistema y sus componentes. La frecuencia con la cual se debe implementar este tipo de mantenimiento depende del ambiente de la computadora y de la calidad de los componentes. Si el PC está en un ambiente de gran suciedad se debe limpiar cada tres meses.

Para la mayoría de los ambientes limpios de oficina la limpieza se debe aplicar de promedio una o dos veces al año.

Mantenimiento preventivo pasivo: este tipo de mantenimiento consiste en el cuidado del sistema en su ambiente externo. Incluye básicamente las condiciones físicas de operación del sistema y la prevención eléctrica. Lo físico comprende factores como la temperatura ambiente, el stress térmico de encendido, la contaminación por polvo, humo de cigarro y problemas por posibles golpes o vibraciones. Lo eléctrico concierne a factores como carga electrostáticas, la sobre carga en la línea y en algunos ambientes la interferencia por radiofrecuencia.

Mantenimiento correctivo

El mantenimiento correctivo consiste en la reparación o reemplazo de los componentes del sistema que se encuentren en mal estado o presenten un mal funcionamiento. Este tipo de mantenimiento se lleva a cabo cuando el predictivo lo aconseje y cuando el preventivo ya no sea posible.

Según se establezca el mantenimiento del sistema, podemos actuar de dos maneras distintas:

Corrección no planificada: es el mantenimiento correctivo de emergencia que debe llevarse a cabo en primer lugar para evitar que se incrementen costos e impedir daños materiales y/o humanos.

Si se presenta una avería imprevista, se procederá a la reparación en el menor tiempo posible para que el sistema siga funcionando normalmente sin generar perjuicios.

Corrección planificada: el mantenimiento correctivo planificado prevé lo que se hará antes que se produzca el fallo, de manera que cuando se detiene el equipo para efectuar la reparación, ya se dispone de los repuestos, documentos necesarios y personal técnico asignado con anterioridad en una programación de tareas.

Al igual que el anterior, corrige la falla y actúa ante un hecho cierto.

Este tipo de mantenimiento no es tan urgente como el anterior, porque los trabajos han sido programados con antelación. Existen técnicas determinadas para conseguir fiabilidad en los sistemas informáticos. Para conseguirla se pueden llevar a cabo estas estrategias:

- Prevención de fallos. El sistema debe estar libre de fallos. Se pueden distinguir las siguientes etapas dentro de este objetivo:

  1. Evitar los fallos: se trata de evitar la introducción de fallos, eligiendo la mejor tecnología, los componentes más fiables y mejorando las metodologías de diseño.

     Sin embargo, los fallos pueden seguir existiendo si no se dispone de componentes fiables, ya sea por su elevado coste o la enorme complejidad que provoca que se sigan cometiendo.

  2. Eliminar los fallos: consiste en la implementación del sistema y la eliminación los fallos. Es el objetivo de la etapa de pruebas que se incluye en un modelo de desarrollo de hardware y software.

     Si hay fallos que permanecen, el sistema fallará. Generalmente, el uso de la prevención por sí sola no es lo suficientemente fiable, ya que es intolerante a fallos que se produzcan posteriormente. Es sabido que determinados elementos de hardware se deterioran y por tanto tienen un período de vida determinado. Por este motivo es necesaria cierta tolerancia a los fallos, así como su prevención, al menos con los elementos de hardware.

- Tolerancia a los fallos: añade redundancia al sistema de forma que los fallos puedan ser prevenidos y tolerados.

  Debe haber un equilibrio entre la tolerancia y la prevención de los fallos para obtener un grado de satisfacción razonable.

  Los pasos de respuesta de un sistema a una avería son:

Detección de errores. Se reconoce que algo inesperado se ha producido en el sistema. Si la detección del error es off-line, el sistema no funcionará mientras se esté ejecutando pasando el test. La detección *online* se realiza en tiempo real con el funcionamiento del sistema. La detección de datos erróneos es el primer paso para conseguir tolerancia de fallos.

Confinamiento de la avería. Limita la extensión del fallo a un área determinada del sistema de información, evitando que se propague a otras áreas. Se basa en el confinamiento del flujo de información en el sistema. Se obtiene mediante el uso de circuitos de detección de fallos, comprobaciones y peticiones antes de que se ejecute una actividad.

Diagnóstico. Es necesario cuando el sistema de detección de fallos no logra encontrar la localización y sus propiedades.

Reconfiguración. Cuando se detecta el fallo que causó la avería, es necesario reconfigurar los componentes del sistema. De esta forma, se transforma un estado erróneo en un estado libre de error, de forma que el funcionamiento del sistema pueda continuar de forma normal.

Recuperación. Son técnicas empleadas para eliminar los efectos producidos por el fallo o la avería.

2.1.1. Elementos de hardware: Unidad Central de Proceso y Almacenamiento, equipos periféricos, componentes físicos de redes locales, supervisión de conexiones

Para empezar vamos a definir el hardware como el "material duro" de la informática. Son los equipos, las máquinas que hacen funcionar un sistema informático.

Podemos definir un ordenador como una máquina que acepta datos, los procesa y les da una salida con los resultados. Tanto la entrada como la salida se realizan a través de los periféricos.

Podemos diferenciar tres módulos en la composición de un ordenador con una función bien definida. El primer módulo es la UCP o CPU, que es la encargada de controlar todas las operaciones. Los flujos de datos que circulan a través de los distintos buses o canales de información, dirección, control y datos se controlan desde esta unidad.

El ordenador necesita almacenar los datos que se van a procesar, así como los programas que tiene que ejecutar, ambos deben encontrarse grabados en la memoria del ordenador. Se denomina memoria interna o central para poder diferenciarla de la memoria de almacenamiento masivo, que es un periférico.

La relación entre la CPU y la memoria es muy estrecha. La CPU concentra el control de las operaciones. Para poder llevar a cabo la ejecución de un programa necesita saber continuamente qué operación debe ejecutar y qué datos tiene que procesar, por lo que está en proceso continuo de lectura y escritura en la memoria.

Por último, el FRONT-END es una parte de la memoria encargada de poner en comunicación el procesador con los periféricos y controlar el flujo de datos entre ellos. La CPU escribe en el FRONT-END los datos que quiere enviar a los periféricos y lee de él los datos que encargó a los periféricos, o que el usuario quiere comunicar. El software del sistema operativo sabe como se debe escribir y leer del FRONT-END correctamente.

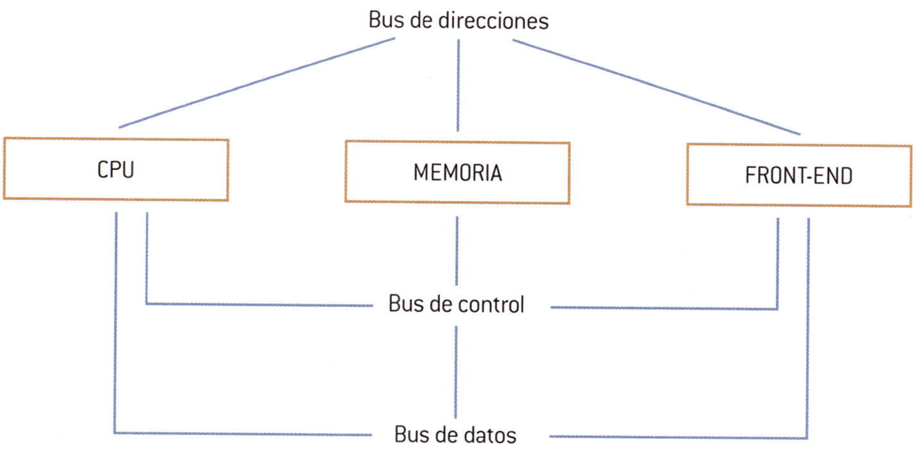

Figura 2.2. *Arquitectura de un ordenador.*

La memoria principal o memoria central es la parte del ordenador en la que se almacenan datos y programas. Constituye un órgano básico de almacenamiento en el que se puede escribir en la memoria o del que podemos extraer información.

La memoria de un ordenador es como el diario de una persona. Se van apuntando los datos necesarios para el procesamiento inmediato, y también existen anotaciones sobre la forma de realizar estas tareas y los próximos trabajos a realizar.

Las características principales de la memoria son su capacidad de almacenamiento y la rapidez de acceso a la información almacenada. La unidad de medida de la memoria es el byte, que agrupa un conjunto de bits. Al alcanzar 1024 de estos bytes se obtiene un kilobyte.

Tipos de memoria:

La memoria **RAM** es la memoria de acceso aleatorio en la que cualquier posición de la misma se puede leer sin necesidad de las anteriores. El tiempo de acceso es fijo para cualquier posición, mientras que en caso de acceso secuencial depende de la distancia de la posición origen al principio de la posición accedida. La memoria central de todos los ordenadores es de tipo RAM. Este tipo de memoria necesita alimentación de red todo el proceso, ya que en el momento que no esté alimentada desaparecen los datos.

La memoria **ROM** es de solo lectura, a diferencia de las memorias que se pueden leer y escribir como la memoria RAM. Tiene la información fija en sus celdas de memoria. En los ordenadores se utiliza para almacenar los programas de arranque, contener los comandos del sistema operativo... Su contenido se graba en la planta de producción o con un aparato especial externo al ordenador y no se borra aunque no esté alimentada.

Unidad Central de Proceso

Es la parte del ordenador que se encarga de procesar las instrucciones de los programas.

La CPU se compone de dos elementos básicos:

- Una unidad aritmético-lógica (ALU). Realiza cálculos y comparaciones y toma decisiones lógicas. Puede determinar si una afirmación es cierta o falsa usando las reglas del Álgebra de Boole.
- Una unidad de control (UC). Se encarga de interpretar y ejecutar las instrucciones.

La unidad central de proceso controla el trabajo del resto de componentes, para lo cual se comunica y actúa conjuntamente con las unidades de entrada y salida y de la memoria.

La CPU recupera de la memoria las instrucciones de la máquina, las decodifica y hace que las operaciones exigidas por estas instrucciones se vayan ejecutando correctamente.

Las funciones de la CPU son las siguientes:

- Controlar y supervisar el flujo de trabajo en el sistema y dirigir la actividad de todos sus componentes.
- Realizar operaciones aritmético-lógicas.

- Ejecutar instrucciones del programa.
- Controlar las distintas unidades que permiten al ordenador comunicarse con el exterior, así como a la memoria donde se van a almacenar todos los datos.

Los **periféricos** son aquellos dispositivos que permiten enviar o recibir información a la CPU de forma estructurada e inteligible.

La CPU puede comunicarse con el exterior a través de periféricos, que se pueden clasificar atendiendo al flujo de información en:

- Periféricos de entrada. Son los utilizados por la unidad central para obtener información. Entre ellos podemos encontrar el teclado, los apuntadores, los detectores de posición, dispositivos ópticos como pueden ser el escáner, las aplicaciones OCR, la cámara digital, la videocámara, la webcam y los detectores de códigos de barras, los dispositivos sonoros como el micrófono, los dispositivos magnéticos y por último los sistemas de datos analógicos.
- Periféricos de salida. A través de ellos se envía información de muy diversa naturaleza desde la unidad central al exterior. Entre ellos podemos encontrar los soportes electrónicos, los soportes de impresión gráfica, los soportes luminosos, los soportes sonoros, los dispositivos robóticos y periféricos industriales.
- Periféricos de entrada y salida. Permiten obtener información de la unidad central y la vez permiten dar salida al sistema de información. Entre ellos podemos encontrar los soportes electrónicos, las tarjetas de sonido, los terminales tontos e inteligentes, las tarjetas de comunicación, los detectores de caracteres magnetizables y los dispositivos de entrada y salida de realidad virtual. Dentro de esta categoría se pueden encontrar los dispositivos de almacenamiento de información sobre los que se puede realizar escrituras y lecturas.

Algunos de los periféricos más conocidos son:

Terminal

Es la forma más simple de tener acceso a un ordenador. Está formado por un teclado y una pantalla. Un terminal puede ser integrante de un ordenador, como ocurre con los microordenadores, conectado directamente con el procesador o puede estar conectado al procesador mediante red telefónica a grandes distancias.

Los terminales se usan como dispositivos de entrada y salida.

Los monitores antiguos están basados en un tubo de rayos catódicos cuya bobina emite electrones sobre los puntos fosforescentes de la pantalla iluminándolos de forma selectiva. En los monitores en color cada píxel está formado por tres puntos fosforescentes con los colores básicos, que serán activados cada uno en la medida adecuada para obtener el color deseado.

Cada vez se ven más las pantallas de LCD, cuya calidad de imagen es mejor. Debido a su elevado coste solo se utilizaban en portátiles. La tecnología LCD se basa en que, al aplicar un campo eléctrico, cambia el ángulo de polarización de las moléculas, alterando la luminiscencia de cada elemento de cristal líquido. El consumo eléctrico es más bajo que en los monitores de tubo y no emiten radiación electromagnética, por lo que no se requiere filtro de pantalla. Otras ventajas que tienen son su bajo peso, pantalla plana y que su espesor es comparable al de un cuadro.

Las características de una pantalla vienen determinadas por su tecnología y por otras propiedades:

- Monocromo/escala de grises/color.
- Tamaño (medida en pulgadas de la diagonal).
- Tamaño del punto.
- Resolución en pixeles (alto por ancho).
- Tipo de barrido (entrelazado o no entrelazado).
- Frecuencia.

Para conectar una pantalla a un ordenador, se necesita un periférico intermedio también de salida, que es la tarjeta de vídeo. Una de sus características principales es su capacidad en memoria de vídeo (VRAM) y sus posibilidades de procesamiento de gráficos. Algunas incorporan, además de la salida de vídeo RGB destinada al monitor, otras salidas de vídeo compatibles con los sistemas de vídeo, como el sistema PAL, para conectar al televisor.

Teclado

Es el periférico de entrada que siempre tiene que estar presente en un ordenador.

Permite introducir información en el sistema mediante la pulsación de teclas, cada una de las cuales representa un carácter. Lleva incorporada una memoria local, llamada buffer del teclado, para almacenar cierta cantidad de pulsaciones.

Impresoras

Es el periférico que el ordenador usa para presentar información impresa en papel. Durante años fueron la forma más habitual de presentar los resultados de los cálculos en los primitivos diseños de ordenadores. Es una de las unidades periféricas más notorias a la hora de procesar los datos.

Entre las propiedades características de las impresoras destacan:

- Velocidad. Viene indicada por la calidad de la impresión, de forma que la impresión es más lenta cuando se selecciona la calidad fotográfica y más rápida cuando se selecciona calidad borrador.
- Resolución. Se expresa normalmente en ppm (puntos por pulgada cuadrada) que imprime una impresora.
- Buffer de memoria. Es la cantidad de memoria que tienen las impresoras para almacenar parte de la información que les va proporcionando el ordenador. De esta manera, al ser el ordenador más rápido que la impresora, no tiene que esperarla de forma indefinida y así puede continuar con sus tareas hasta que acabe de imprimir. Las impresoras láser tienen la propiedad de almacenar la página en la memoria antes de imprimirla.
- Conexión. Antes las impresoras se conectaban al PC mediante el puerto paralelo, mediante un cable denominado Cable Centronics, y dos conectores unidos a la impresora y al computador mediante pines y abrazaderas. Las impresoras modernas usan la conexión USB. En el caso de que sean grandes impresoras para grupos, estas pueden incorporar una tarjeta de red para conectarse a una red de ordenadores.

Otras de las posibles características de las impresoras pueden ser la capacidad de imprimir gráficos, imprimir a color o en escala de grises, o ambos a la vez, los formatos de papel, la interpretación de lenguajes de impresoras, los combustibles, el nivel de ruido, el diseño...

Existen una gran multitud de tipos y modelos. Las más utilizadas son:

- Tipo láser: son las impresoras del mercado que mayor resolución pueden llegar a obtener sobre papel normal. El proceso de impresión se consigue mediante un láser que va dibujando la imagen electrostáticamente en un elemento llamado tambor, el cual gira impregnándose de un polvo muy fino llamado tóner que se adhiere debido a la carga electrostática. Entonces, el tambor sigue girando y se encuentra con la hoja en la que deposita el tóner, formando la imagen definitiva. Los puntos del tóner se funden usando calor y presión.

Estas impresoras necesitan disponer de una memoria que pueda almacenar una copia electrónica de la imagen completa que se quiera imprimir. Cuanto mayor sea el tamaño, mayor será la cantidad de memoria requerida.

Estas impresoras solo pueden imprimir en blanco y negro. Las impresoras láser a color tienen un precio considerablemente alto en el mercado.

Las ventajas de estas impresoras se encuentran en la resistencia, en la rapidez y en que son mucho más silenciosas que las impresoras matriciales o de tinta. Como elemento en contra tienen el elevado precio, especialmente si se desea imprimir en color.

- De inyección de tinta: en estas impresoras la tinta suele ser impulsada hacia el papel mediante inyectores, que consisten en unos cristales que aplican una carga eléctrica que hace saltar una diminuta gota de tinta, marcándola sin necesidad de que haya un impacto sobre el papel.

  La resolución es bastante elevada, pero la calidad final depende de la exactitud en la colocación del papel dentro del elevado número de puntos. La superficie fibrosa del papel absorbe los puntos produciendo bordes más suaves y colores menos brillantes. En ocasiones se puede llegar a la calidad fotográfica.

  Los cartuchos de tinta tienen un elevado coste debido a que no solo contienen la tinta, sino parte o la totalidad del cabezal de impresión.

- De impacto: fueron las primeras impresoras que surgieron en el mercado. Imprimen mediante impacto sobre una cinta impregnada en tinta. Los elementos mecánicos capaces de imprimir por impacto las hacen muy ruidosas y lentas.

  Una de sus ventajas es que permiten obtener copias múltiples en papel de autocopia o usando papel carbón.

- Térmicas: en el caso de estas impresoras, el cabezal está formado por unas protuberancias que forman una matriz. Estas protuberancias son sometidas a unas temperaturas y van componiendo la imagen de puntos sobre el papel termosensible que se oscurece al aplicar unos 200 grados centígrados. Este papel es el único que se puede utilizar. Son muy utilizadas estas pequeñas impresoras en los cajeros automáticos para emitir recibos.

Ratón

Es un dispositivo que tienen casi todos los terminales y PC. Mediante el movimiento sobre una superficie provoca que el puntero se mueva por la pantalla. Es un dispositivo de entrada. Dispone de uno o varios botones que, según la opción seleccionada, podrán tener una función u otra.

Escáner

Es un dispositivo de exploración óptica que puede reconocer y adquirir imágenes y texto. Actualmente, la digitalización de fotos y dibujos ha adquirido una gran importancia para su utilización en aplicaciones multimedia, así como su inclusión en páginas de Internet. La mayoría de las aplicaciones de uso general admiten la inclusión y el tratamiento de imágenes, por lo tanto se trata de un periférico muy extendido hoy en día.

Aplicaciones OCR: reconocimiento óptico de caracteres

Consiste en la adquisición y reconocimiento de la letra impresa para su posterior procesamiento en el ordenador. Con la ayuda de un software específico permite introducir datos directamente en un sistema a partir de documentos escritos en papel normal. Con un coste relativamente bajo se consigue introducir texto en el ordenador de forma rápida y al mismo tiempo se eliminan los errores de transcripción.

Otros métodos de reconocimiento óptico son los siguientes:

- Códigos de barras. Presentan la información en los productos en un formato accesible para la máquina, como puede ser un supermercado. Están formados por una sucesión de barras verticales pintadas en negro sobre fondo blanco. Los caracteres se codifican empleando una combinación de bandas anchas y estrechas, incluyendo caracteres de comprobación. El lector de código de barras es el dispositivo que interpreta la secuencia de barras y produce el conjunto de caracteres equivalentes, realizándose mediante un rayo láser e incorporándose a un terminal.
- Bandas magnéticas. Son usadas en las tarjetas de crédito. Contienen distintas informaciones como número de cuenta, código de productos... Una vez grabada la información es prácticamente imposible alterarla. Las bandas se leen mediante dispositivos de lectura manuales, parecidos a un lápiz.

Plotters

Se trata de aparatos utilizados para imprimir planos de proyectos de arquitectura o ingeniería, que trabajan con proyectos muy grandes. No están diseñados para escribir, son lentos y requieren un software muy específico. Los hay de tipos:

- De rodillo. Se coloca la hoja sobre unos rodillos que se mueven arriba y abajo, mientras que el rotulador lo hace de derecha a izquierda. El proceso es parecido al que utiliza un sismógrafo.
- De brazo móvil. La hoja está quieta sobre un plano, se mueve el rotulador de arriba abajo y el brazo que usa el rotulador sobre unos carriles lo hace de izquierda a derecha.

Lápiz óptico

Es un dispositivo de entrada de datos al ordenador. Existen lápices ópticos que detectan luminosidad específica en la pantalla, y otros que permiten dibujar sobre un tablero, transmitiendo al mismo tiempo el dibujo a la pantalla.

Para el usuario, una **red local** está compuesta por un hardware y un software. De entre los componentes físicos podemos destacar las estaciones de trabajo, los servidores, la tarjeta de interfaz de red, el cableado, los periféricos y el equipo de conectividad.

Estación de trabajo

Se puede definir como un microordenador monousuario al que se ha dotado de unas funciones de comunicación. Se distingue del ordenador personal por el software del sistema operativo que controla lo que la estación puede, o no hacer, y por la unidad de comunicaciones de la red que es la que facilita las funciones de comunicación.

Las estaciones son de dos tipos: las de usuario y las de gestión. Las estaciones de usuario son los microordenadores conectados a la red que utilizan directamente los usuarios. Las estaciones de gestión o servidores son las que realizan trabajos para otras estaciones de la red.

Todas las estaciones de trabajo se comunican y cooperan entre sí. La diferencia principal entre estos dos tipos de estaciones está en los periféricos estas que llevan conectados y los programas que ejecutan.

Generalmente las estaciones de trabajo no pueden realizar trabajos solicitados por otras estaciones de usuario. A los dispositivos conectados a una red de usuario solo puede acceder el propio usuario de la estación.

Servidor

Son ordenadores capaces de compartir recursos con otros ordenadores. Los recursos que se pueden compartir son impresoras, unidades de disco, directorios, archivos individuales...

Todos los usuarios de la red pueden acceder, en principio, a los dispositivos conectados a un servidor. Una red puede disponer de más de un servidor, pudiendo en este caso cada uno de ellos efectuar una o varias funciones diferentes.

Lo más probable es que el servidor sea un microordenador potente y con gran capacidad, el cual suele disponer de una o varias unidades de disco de alta capacidad, impresora y otros dispositivos.

Las estaciones de servidor pueden ser de dos clases:

- Las estaciones dedicadas: el microordenador se dedica exclusivamente a funciones de la red y a menudo incorpora dispositivos más potentes que los de las estaciones de usuario. El servidor dedicado no se suele utilizar para ejecutar aplicaciones de usuario y a veces aumenta el precio del sistema, pero la red puede soportar muchas más funciones, como el correo electrónico o gestionar varias unidades de disco duro. Además, ofrece una respuesta global del sistema más rápida.
- Las estaciones no dedicadas: el microordenador puede trabajar como una estación de trabajo individual, incluso al mismo tiempo que controla la red. Para que la red pueda funcionar, se requiere de un mínimo de memoria, suficiente para tareas sencillas, pero para ejecutar tareas de mayor envergadura es necesario ampliar esa memoria. Cuando la carga de trabajo es soportable, la respuesta de un servidor no dedicado puede ser ligeramente inferior a la de una estación de trabajo de usuario, pero cuando la demanda es muy alta, el tiempo de espera para el usuario que utiliza la estación servidor puede ser eterno.

Tarjeta interfaz de red

Para comunicarse con el resto de la red, es necesario que cada equipo tenga instalada una tarjeta de interfaz de red, también llamadas adaptadores de red o solamente tarjetas de red.

Normalmente la tarjeta se fija en la ranura de expansión del ordenador, aunque algunas son unidades externas que se conectan al ordenador a través de un puerto serial o paralelo. La tarjeta de interfaz obtiene la información del PC, la convierte al formato adecuado y la envía a través del cable a otra tarjeta de interfaz de la red local.

Las funciones de la tarjeta de interfaz son las siguientes:

- Comunicación host a tarjeta.
- Puesta de la información en búfer.
- Formación de paquetes.
- Conversión serie-paralelo.
- Codificación y decodificación.
- Acceso al cable.
- Saludo y negociación.
- Transmisión y recepción.

Todas estas funciones hacen que los datos de la memoria de un equipo pasen a la memoria de otro.

Se puede decir que una tarjeta o interfaz de red es un dispositivo que contiene un microprocesador, un hardware y un software que le proporcionan la capacidad necesaria para controlar el acceso y las comunicaciones a través de la red y para efectuar todo el proceso de transmisión. Las unidades interfaz de red son el medio mediante el cual se conectan las estaciones a la red, tanto de forma operativa como física.

En la mayoría de las redes de microordenadores, la interfaz de red es una tarjeta de circuitos impresos instalada dentro del microordenador. En algunas redes la interfaz de red puede ser una caja independiente, llamada centro de conexiones, que se coloca entre el cable principal de la red y la estación de trabajo.

Las funciones de la interfaz de red se llevan a cabo mediante el uso de los circuitos de la unidad de interfaz: controladores de la red (drivers), circuitos del controlador de comunicaciones, microprocesadores especializados, búferes de memoria RAM y el código de la memoria ROM que necesita la estación. En la mayoría de las redes locales, la unidad interfaz de red de todas las estaciones es exactamente la misma.

A nivel técnico la red se puede dividir en dos partes:

- La interfaz de comunicaciones: es la unidad que se comunica lógicamente con la red y que lleva a cabo todas las funciones de transmisión. Esta interfaz acepta datos de la estación a la que está conectado, retiene los datos hasta que el canal de comunicación está disponible y entonces es cuando transmite los datos. La conexión física entre la estación y la red se realiza mediante un cable secundario que conecta el interfaz de comunicaciones y el cable principal de la red. Ambos cables se conectan a través de un derivador. Es la que proporciona la conexión entre los circuitos internos de una determinada estación y la unidad de la interfaz de comunicaciones.

Cableado

Una red debe tener un sistema de cableado que conecte cada una de las estaciones de trabajo individuales con los servidores de archivos y otros periféricos.

Los distintos tipos de cableado que existen en el mercado dependiendo del coste y la capacidad dificultan la elección de uno de ellos:

- Cable de par trenzado: es el más barato con diferencia y el más común dentro de la red.
- Cable coaxial: fácil de instalar y mantener. Es el preferido para las redes de área local más grandes.
- Cable de fibra óptica: tiene mayor velocidad de transmisión que los anteriores, no le afectan las interferencias de radio y es capaz de enviar señales a distancias considerables sin perder intensidad. Tiene un coste mayor.
- Conexión inalámbrica: no es tanto un tipo de cableado, sino una forma de conexión entre los distintos elementos de la red.

Equipo de conectividad

En el caso de las redes pequeñas, cuando crecen es necesario aumentar la longitud de cable o superar el número de nodos inicial.

Existen varios dispositivos que pueden ampliar la longitud de la red, cada uno con un propósito específico:

- Hubs o concentradores: suponen el punto central de conexión para nodos de red que están dispuestos en forma de estrella.
- Repetidores: es un dispositivo que permite extender la longitud de la red, amplifica y retransmite la señal de red.
- Puentes: es un dispositivo que conecta dos redes separadas para crear lo que aparenta ser una sola red.

- Routers: son elementos similares a los puentes, pero operando a un nivel diferente. Requieren que la red tenga el mismo sistema operativo de red, para poder conectar redes basadas en topologías lógicas completamente diferentes.
- Gateways: también llamadas compuertas, permiten que los nodos de una red se comuniquen con tipos diferentes de red o con otros dispositivos.

La conexión entre los elementos de una computadora se realiza a través de buses. Un bus es un conjunto de hilos que proporcionan un camino para el flujo de datos entre los distintos elementos y transmiten simultáneamente información en paralelo.

En los primeros equipos informáticos, todos los buses eran de tipo paralelo, de manera que la comunicación entre las partes de un ordenador se hace por medio de cintas o pistas en el circuito impreso, en los cuales cada uno tiene una función fija y la conexión es sencilla requiriendo solamente puntos de entrada y de salida para cada dispositivo.

Los buses que interconectan las distintas unidades funcionales de un ordenador pueden ser de tres tipos:

- **Bus de datos:** transporta los datos que se transfieren entre unidades. Suele ser bidireccional, es decir, los mismos hilos se podrán transmitir hacia adentro o hacia afuera de una unidad, pero siempre en momentos distintos.

Es necesario matizar la diferencia entre el bus de datos interno y el bus de datos externo. El bus de datos interno se utiliza para transferir datos entre los elementos de la computadora central. El bus de datos externo se puede considerar como una prolongación de bus de datos interno. Pone en comunicación el procesador con el resto de las unidades.

- **Bus de direcciones:** transporta la dirección de la posición de memoria o del periférico que interviene en el tráfico de información. Permite la comunicación entre el procesador y las celdas de la memoria RAM. Cuando el procesador quiere leer el contenido de una celda de memoria, envía por el bus de direcciones la dirección de la celda que quiere leer, recibiendo a través del bus de datos el contenido de la misma. El tamaño de este bus define la cantidad de memoria RAM que la CPU puede gestionar.
- **Bus de control:** contiene hilos que transportan las señales de control y las señales de estado, indicando la dirección de la transferencia de datos,

controlando la temporización de eventos durante la transferencia, transmitiéndole señales de interrupción...

Figura 2.3. *Hardware.*

2.1.2. Elementos de software: instalación y desinstalación, programas, aplicaciones actualizadas y asistentes

Definimos software como la "parte blanda" de un sistema informático. Representa lo inmaterial, lo intangible, aquello que dota a la máquina para resolver una serie de problemas.

El ordenador necesita recibir una serie de instrucciones precisas para saber lo que tiene que hacer y cómo lo tiene que hacer.

La i**nstalación** de programas de software es el proceso mediante el cual los nuevos programas son transferidos a una computadora para ser configurados y preparados para que se ejecuten en el ordenador y cumplir la función para la que fueron desarrollados.

Las fases de desarrollo de un programa son:

- Desarrollo: cada programador necesita las herramientas y códigos necesarios para modificar el programa instalado.
- Prueba: el programa debe ser sometido a prueba antes de ser entregado al usuario.
- Producción: está disponible para que sea utilizado por el usuario final.

El éxito en la instalación es fundamental para el correcto funcionamiento de un software. Debido a la complejidad de diversos programas de software y el alto número de archivos de contiene, el riesgo es mayor a la hora de realizar la instalación. Si la instalación falla aunque sea de forma parcial, no se podrá alcanzar el objetivo.

Con el paso de los años se han desarrollado alternativas para minimizar y estandarizar el proceso de instalación. Técnicas básicas de instalación de software:

- Los archivos son copiados en una ubicación en el directorio. Este método tiene el inconveniente de que existan versiones antiguas abandonadas en la memoria.
- Se instala el instalador, que luego instalará el software requerido.
- El sistema operativo se ocupa de instalar un paquete de software con todos los archivos requeridos. Esto es el sistema de gestión de paquetes.

Estos son los pasos que hay que llevar a cabo en una instalación:

- Verificación de la compatilidad y la integridad: hay que comprobar si se cumplen los requisitos técnicos para la instalación y que el paquete de software sea original para evitar la instalación de programas maliciosos.
- Creación de directorios: cada sistema operativo tiene sus propios estandares para instalar archivos en determinados directorios.
- Creación de usuarios requeridos por el sistema.
- Concesión de los derechos requeridos: se le conceden el mínimo necesario de derechos a los usuarios en caso de que sea necesario.
- Proceso de copia, desempaque y descompresión de los archivos desde el paquete de software.
- Compilación y enlace con las bibliotecas requeridas: puede haber problemas si en la instalación no se acataron los estándares requeridos.
- Configuración: mediante los archivos de configuración se comunica al software los parámetros con los que debe trabajar. Por ejemplo, los nombres de los usuarios que pueden usar el software, verificar la clave para acceder o la ruta donde se encuentran los archivos.
- Definir las variables de entorno requeridas.
- Registro ante el dueño de la marca: a veces es necesario registrar la instalación.

Por el contrario, la **desinstalación** es el proceso inverso a la instalación, en el que se revierten los cambios producidos en un sistema por la instalación de software. No solo se borran los archivos, sino que hay que hacer cambios en aspectos del software, como la eliminación de usuarios creados, retirar derechos concedidos, borrar aquellos directorios que se hayan creado...

A veces la desinstalación de programas puede ser ineficaz debido a la gran complejidad de los sistemas operativos y los interfaces. Por este motivo, la calidad de un software no solo se mide por los efectos productivos y creativos, sino también por su capacidad de integración en el sistema operativo y su compatilidad con los programas de un sistema. El software debe poder ser desinstalado sin desestabilizar el sistema informático.

En el caso de que sean sistemas informáticos altamente complejos, la dificultad para desinstalar un programa puede ser mayor que la de la instalación.

Se suele distinguir entre software básico y software de aplicación.

El software básico o de sistema está formado por los programas necesarios para poner en marcha el ordenador o para crear nuevos programas. Suponen una ayuda al usuario para relacionarse con el ordenador y hacer un mejor uso del mismo.

El software de aplicación permite que el computador coopere con el usuario en la realización de tareas cotidianas, como gestionar la contabilidad de una empresa o escribir un texto. En este caso la máquina libera al hombre de realizar tareas repetitivas.

Los programadores de aplicaciones, a diferencia de los programas de sistema, no necesitan conocer a fondo el modo de funcionamiento de un equipo informático. Solamente hace falta conocer las necesidades de información de las aplicaciones y como usar el sistema operativo para conseguir satisfacer esas necesidades.

Estos programas son de utilidad para cumplir muchos objetivos y son capaces de realizar múltiples tareas. Básicamente contribuyen a aumentar la productividad de las personas que los utilizan. Son muy populares en las organizaciones modernas.

Sus **programas** deben ser independientes del hardware específico utilizado y deben ser transportados sin problemas de adaptación a otros entornos informáticos.

Dentro de los programas de aplicación puede ser útil la distinción entre aplicaciones verticales de finalidad específica para un tipo determinado de usuarios de una categoría profesional y aplicaciones horizontales, de utilidad para una amplia gama de usuarios.

Algunos ejemplos de software de aplicaciones son:

- Procesadores de texto. (Word).
- Editores de imágenes. (PhotoShop para el diseño gráfico).
- Hojas de cálculo. (MS Excel).
- Sistemas administradores de bases de datos. (MySQL, Oracle).
- Programas de comunicaciones. (MSN Messenger).
- Programas de contabilidad. (Contavisión).
- Paquetes integrados. (Ofimática: Word, Excel, PowerPoint).
- Programas de diseño asistido por computadora. (AutoCAD).

A nivel interno se puede definir un programa como el conjunto de instrucciones ordenadas, expresadas en un lenguaje legible por el ordenador y necesarias para realizar un determinado trabajo y plantear y resolver un problema concreto. Un programa es la especificación en instrucciones concretas de un algoritmo. Se puede describir como el conjunto de instrucciones necesarias para obtener unos resultados determinados a partir de unos datos iniciales.

Puede tener distintas estructuras o niveles, pero la menor unidad en la que se puede descomponer es la instrucción, que es la orden o mandato básico facilitada al ordenador para que realice una determinada acción.

Los programas pueden clasificarse en función de su propósito en cuatro tipos:

- **Científicos.** Las aplicaciones científicas aprovechan los ordenadores para resolver problemas científicos y técnicos en los que intervienen matemáticas, fórmulas algebraicas...
- **Gestión empresarial.** Los programas de gestión empresarial llevan a cabo tareas como generar nóminas, inventarios, confección de informes...
- **Sistemas base.** Los programas del sistema crean y controlan el entorno operativo dentro del ordenador. Por ejemplo, el compilador, el ensamblador, sistema operativo...
- **Personales.** Programas de ordenador que se escriben para juegos, educación, contabilidad familiar... En general, estos programas se diseñan para satisfacer necesidades personales, sencillas y rutinarias.

Los **asistentes** son generados por programas informáticos para reconocer un lenguaje natural que simula una conversación para dar información y ofrecer un servicio para los usuarios a través de una interfaz.

El asistente virtual incorpora la compresión del lenguaje natural (PLN), control de diálogo, conocimiento de dominio(productos y servicios de la compañía) y un aspecto visual (fotografías o animaciones 3D). Los métodos usados para interactuar con el usuario son de texto a texto, texto a voz, el habla de texto y de voz a voz.

El asistente virtual está formado por dos componentes independientes pero estrechamente integrados, que casi nunca se pueden separar. Estos elementos son la interfaz de usuario y la base de conocimientos en el interior, la inteligencia.

La apariencia visual de los asistentes virtuales puede ser desde una foto hasta una imagen 3D con emociones. El interfaz de usuario requiere de un motor de diálogo inteligente y una base de conocimientos bien estructurada y suficientemente amplia para convertirse en una herramienta eficaz de autoservicio que pueda aumentar la productividad.

Dependiendo de la combinación de la interfaz de usuario y la base de conocimientos subyacentes, se podrá asignar al asistente virtual a alguna de las diferentes generaciones en las que se pueden clasificar los asistentes virtuales.

El procesamiento de lenguaje natural no es igual que el procesamiento de lenguajes de programación, ya que la sintaxis de un lenguaje natural es mucho más compleja. También existen otros factores como las ambigüedades semánticas y pragmáticas.

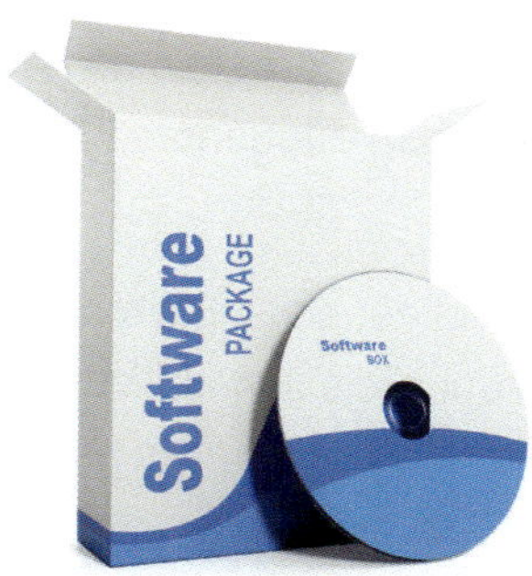

Figura 2.4. *Software.*

Los asistentes virtuales de primera generación funcionan mediante unos patrones predefinidos de reconocimiento para el reconocimiento de las frases. Se crea un sistema carente de contexto en la conversación en el que se analizan conjuntos de miles de expresiones regulares y para cada subconjunto de estas expresiones se mostrará un conjunto de respuestas predefinidas.

Los asistentes más avanzados que realizan análisis semánticos y pragmáticos que permiten deshacer la ambigüedad de las frases mediante:

- Homonimias.
- Análisis contextual mediante árboles de diálogo.

2.1.3. Equipos de reproducción

Se puede decir que los equipos de reproducción más usados son la impresora, el escáner y la fotocopiadora.

La impresora y el escáner son periféricos que ya hemos tratado en un apartado anterior en este módulo.

Podemos decir que una fotocopiadora es aquel sistema o aparato que utilizamos para copiar un documento utilizando técnicas fotográficas. Las máquinas fotocopiadoras copian un documento al fijarlo sobre un vidrio. El documento es barrido por un rayo de luz, y este a su vez proyecta la imagen sobre un tambor fotosensible que se carga eléctricamente según la luz recibida. El polvo pigmentado se adhiere a las zonas cargadas y como resultado tenemos una copia de la imagen original que obtenemos ya impresa al aplicar el tambor sobre el documento que obtenemos.

Podemos clasificar a las fotocopiadoras en tres tipos según su funcionamiento:

Xerográficas. Usan papel normal. El proceso de la xerografía es muy común a todas las fotocopiadoras y no usan diluyentes. Utilizan tinta en polvo y aprovechan la electricidad estática.

Electrostáticas. Usan un papel especial. La imagen se proyecta directamente sobre el papel quedando la superficie sensibilizada con cargas eléctricas. El papel se somete a un baño de tóner y se fijan las partículas en las zonas electrizadas dando como origen a la copia definitiva.

Digitales. Son de nueva generación.

Según el tamaño y la capacidad podemos clasificar las fotocopiadoras en:

Personales. No se puede ampliar ni reducir la imagen y tampoco tienen casete de alimentación de papel. A veces incorporan un módulo donde incorporan el tambor, la lámpara y el tóner que una vez consumido se tiene que reemplazar.

De oficina. Es donde encontramos la mayora variedad de máquinas. Se puede ampliar y reducir, utilizando papel A-3 y A-4. El tóner está en un depósito que hay que reponer cada cierto tiempo. También pueden incorporar clasificadores de copia.

Profesionales. Tienen la capacidad de imprimir por las dos caras de la hoja, separar imágenes y grapar juegos de copias.

Según el tipo de tóner utilizado se pueden clasificar en:

De tóner en polvo. Llevan un depósito donde se almacena el tóner. A su vez este tóner puede ser:

- Monocomponente. Se usa tal y como viene.
- Bicomponente. Se mezcla con otro producto para la difusión del tambor. Tiene una duración limitada.

De tóner líquido. El tóner se disuelve en un líquido llamado dispersante. Abarata el precio de las copias.

Estos son los elementos básicos que tiene que tener una fotocopiadora:

Vidrio de contacto.

Bandeja de papel. Contiene el papel que va a ser utilizado para copiar el original.

Rodillo de alimentación. Impulsa el papel eléctricamente hacia el interior de la máquina ayudado por el cargador de transferencia.

Lámpara de exposición. Se desliza bajo el cristal y proyecta la imagen del documento original al tambor electrostático para poder reproducirlo. La imagen se transmite gracias a una lente y unos espejos.

Tóner. Se sitúa cerca del tambor, y cuando este pasa, atrae las partículas del tóner al estar cargado eléctricamente.

Tambor electrostático. Recibe la imagen gracias a la lámpara de exposición y reproduce la imagen que está en el vidrio de contacto.

Rodillo fusor. Fija mediante calor las partículas del tóner que hay sobre el papel.

2.2. Optimización de sistemas operativos monousuario, multiusuario, y en red

Con el paso del tiempo, el sistema operativo que usamos se va degradando. Esta pérdida de rendimiento y ralentización a la hora de cargar las aplicaciones se puede deber a varios factores como la fragmentación de los datos, el exceso de instalación de aplicaciones o la carga de programas innecesarios cuando arrancamos el sistema operativo.

Podemos clasificar los sistemas operativos, según el número de usuarios, en:

- **Monousuarios.** Son aquellos sistemas que soportan un solo usuario a la vez, sin importar el número de procesadores que tenga el equipo o el número de procesos o tareas que el usuario tenga que ejecutar en un mismo instante de tiempo. Un ejemplo de sistema monousuario son los ordenadores personales.
- **Multiusuario.** Son aquellos sistemas capaces de ofrecer servicio a más de un usuario en tiempo real, ya sea por medio de varios terminales conectados a un ordenador o por medio de sesiones remotas en una red de comunicaciones. No importa el número de procesadores que haya en la máquina, ni el número de procesos que el usuario haya ejecutado de forma simultánea, ya sea memorias, programas, impresoras...

  Son muy utilizados en redes.

  Según la forma de ofrecer sus servicios a los usuarios, podemos encontrar la siguiente categoría:

  — **En red.** Son aquellos sistemas que tienen la capacidad de interactuar con los sistemas operativos de otros ordenadores a través de un medio de transmisión con el objeto de intercambiar información, transferir archivos, ejecutar comandos y un gran número de procesos. Para ello es necesario que el usuario conozca la sintaxis de los comandos para ejecutar esas operaciones. Además, debe saber dónde están los recursos a los que desea acceder.

2.2.1. Funciones y comando básicos

Los comandos son atajos utilizados por el usuario y el computador para conseguir la máxima velocidad y eficiencia en el desarrollo de las tareas.

Hay que diferenciar entre comandos internos y externos. Los comandos internos son ejecutados por el ordenador y en el caso de los comandos básicos son ejecutados por el usuario.

Algunos comandos básicos del sistema operativo Windows:

COMANDO	FUNCIÓN DESEMPEÑADA.
Abrir	Permite acceder a un archivo, carpeta o unidad de disco.
Buscar	Permite la búsqueda de archivos y carpetas.
Cerrar	Permite cerrar ventanas.
Compresor	Permite comprimir archivos, carpetas, reduce su tamaño.
Comprobar ahora	Comprueba el estado de los discos.
Copiar	Permite copiar archivos, carpetas... Se guardan temporalmente.
Copia de disco	Permite hacer copias de disquetes.
Copia de seguridad	Tiene la función de respaldar la información.
Cortar	Borra textos, imágenes, archivos...Y son guardados de forma temporal.
Crear nueva carpeta	Crea nuevas carpetas.
Desfragmentador de disco	Permite desfragmentar el disco duro, para facilitar el uso.
Eliminar	Permite borrar archivos y carpetas que son enviados a la papelera de reciclaje.
Ejecutar	Nos permite ejecutar un programa o abrir una carpeta. Los comandos ejecutados se quedan guardados, por lo que es más fácil volver a ejecutarlos.
Fecha y hora	Nos dan la fecha del sistema y el tiempo.
Formatear	Permite formatear discos.
Imprimir	Permite la impresión de documentos.
Liberador de espacio	Permite liberar espacio en el disco.
Pegar	Permite que un archivo o carpeta que han quedado guardados temporalmente pueda ser pegado posteriormente en el lugar indicado.
Propiedades	Muestra las propiedades de archivos y carpetas, como son el tipo, el tamaño o la fecha de creación.
Restaurar	Recupera archivos eliminados.
Restaurar sistema	Permite volver al estado inicial del sistema, es decir, antes de haber sido configurado.

Algunos comandos básicos de DOS

COMANDO	FUNCIÓN
Date	Fecha del sistema.
Time	Hora del sistema.
Cls	Se visualiza la pantalla.
Ver	Despliega la versión del sistema operativo.
Vol	Despliega el nombre del disco.

Algunos comandos de manejo de archivo del DOS

COMANDO	FUNCIÓN	FORMATO O SINTAXIS	EJEMPLO
DIR	Despliega el directorio de un archivo.	DIR [Unidad:][/S][/P] [/W]	DIR a:
Type	Se muestra el contenido del archivo.	Type Nombre_del_ Archivo	Type Tarea.txt
Ren (Rename)	Renombra un archivo.	Ren Nom_Arch_Orig Nombre_Arch_Dest	Ren Tarea.txt Tarea2. txt
Del (Erase)	Permite borrar un archivo.	Del Nombre_del_ Archivo	Del Tarea.txt
Copy	Permite copiar archivos.	Copy Nom_Arch_Origen Nombre_Arch_Destino	Copy Tarea2.txt Tarea. old

Comandos del manejo de directorios

COMANDO	FUNCIÓN	FORMATO O SINTAXIS	EJEMPLO
MD (Mkdir)	Crea directorios.	MD Nombre_del_ Directorios	MD Tempo
CD (Chdir)	Cambia de directorios.	CD Nombre_del_ Directorio	CD Tempo CD. Regresa un nivel
RD (Rmdir)	Borra los directorios vacíos.	RD Nombre_del_ Directorio	RD Tempo

Comandos externos de DOS

COMANDO	FUNCIÓN	FORMATO O SINTAXIS	EJEMPLO
Format	Formatea un disco.	Format [Unidad:] [/S] [/Q] [/U]	Format A:
Diskcopy	Copia todo el disco en otro.	Diskcopy Unidad_Origen: Unidad_Dest:	Type Tarea.txt
Label	Nombra al disco.	Label	
Sys	Copia los archivos de sistema.	SYS Unidad:	Ren Tarea.txt Tarea2.txt
Unformat	Deshace el formateo de un disco.	Unformat Unidad:	
Undelete	Recupera archivos que se hayan borrado.	Undelete Archivo_Borrado	
Xcopy	Copia directorios y su contenido.	Copy Nom_Arch_Origen Nombre_Arch_Destino [/S]	
Deltree	Borra directorios y su contenido.	Deltree [Nom_directorio][Nom_archivo]	
ChkDsk	Proporciona un reporte del estado del disco y de sus archivos.	ChkDsk [Unidad:]	

EJERCICIOS

Averiguar la versión de Dos

Escribimos VER.

Pulsar Intro.

Cambiar de unidad o unidad por defecto a otra diferente

Escribimos A:

Pulsar Intro.

Ayuda del DOS

Para ejecutar la ayuda se tiene que escribir directamente HELP.

Pulsar Intro.

Visualizar el contenido de una unidad de disco

Nos situamos en la unidad de la que queremos ver su listado de archivos.

Escribimos DIR.

Pulsar Intro.

Listar archivos haciendo pausa

Escribimos DIR /P

Pulsar Intro.

* Cuando la pantalla se llene de caracteres, nos pedirá que pulsemos cualquier tecla para continuar, y así hasta terminar listando todos los archivos y carpetas del disco. Esta función también se llama "srolling".

Listar archivos a lo ancho

Escribimos DIR /W

Pulsar Intro.

* De esta forma visualizamos los archivos a lo ancho de la pantalla.

Listar archivos de menos a mayor tamaño

Los directorios son una forma de almacenar los discos.

Escribimos DIR /O:S

Pulsar Intro.

Obtener información de un fichero en concreto

Empleando la orden o función DIR podemos informarnos de un fichero en concreto, y obtenemos la fecha, el tamaño y la hora en que fue modificado o creado.

Obtener información de un archivo en concreto

Escribimos DIR COMMAND.DOS

Pulsar Intro.

Comodines

Son usados para poder buscar ficheros. Los asteriscos sustituyen a un grupo de caracteres del nombre del fichero y el símbolo de interrogación sustituye a un solo carácter.

Listar todos los archivos que tengan la extensión .TXT.

Escribe DIR *.TXT

Pulsar Intro.

Listar todos los archivos que tengan la estructura idéntica a la extensión DOC, pero no conocemos la última letra de su nombre

Escribimos DIR AUTOEXE?.DOC

Pulsar Intro.

Formatear un disquete situado en la unidad A

Preparar un disquete y poder escribir información sobre él es un proceso muy sencillo:

* Primero insertamos un disquete en la disquetera.

Escribimos FORMAT A:

Pulsar Intro.

Hacer un disco del sistema

Se inserta un disquete virgen en la disquetera.

Escribimos FORMAT A:/S

Pulsar Intro.

* Al escribir la orden FORMAT A:/S el DOS se encarga de formatear el disquete y hacer una copia de los archivos necesarios para almacenarlos dentro del disquete.

Recuperar el contenido de un disquete formateado

Escribimos UNFORMAT A:

Pulsar Intro.

El comando UNFORMAT reconstruye el disquete y se recupera toda la información que contenía anteriormente.

Es necesario explicar cómo funciona Format. Cuando se formatea un disquete, el comando FORMAT comprueba si este tiene información, y si es así, la guarda en un sitio seguro dentro del mismo disquete, por si queremos hacer valer la opción de UNFORMAT para recuperar esos archivos. El comando FORMAT lo único que hace es borrar la identificación de los archivos, de forma que no los podamos detectar y también borra el primer carácter de cada nombre de los archivos guardados haciéndolos invisibles y pareciendo que el disquete está formateado.

Lo que hacemos es borrar los archivos antiguos "invisibles" y luego se puede copiar y trabajar sobre ese disco.

En caso de que queramos hacer un formateado incondicional al 100%

Escribimos FORMAT A: /U

Pulsar Intro.

También podemos formatear un disquete rápidamente

Escribimos FORMAT A: /U /Q

Pulsar Intro.

* El proceso es mucho más rápido porque no se guarda la información contenida al disquete para el UNFORMAT. El parámetro Q evita que el Dos compruebe si hay sectores defectuosos, y usando ambos parámetro aumentamos la velocidad de formateado.

Copiar un disquete

Si queremos copiar el contenido exacto de un disquete, nos podemos servir de DISKCOPY. Usamos un disquete de origen del cual queremos hacer una copia y un disquete de destino que contendrá la copia exacta del original.

Escribimos DISKCOPY A: A:

Pulsar Intro.

* El sistema hará una serie de preguntas a las que habrá que contestar con detenimiento.

Limpiar la pantalla de caracteres

Escribimos CLS

Pulsar Intro.

* Solo queda el identificador del Dos en la parte superior de la pantalla.

Cambiar la fecha y hora del sistema

Escribimos DATE (para cambiar la fecha) o TIME (para cambiar la hora).

Pulsar Intro.

* Así se introducen la fecha y hora correctas.

Copiar ficheros

Con Copy podemos copiar un fichero de un disco a otro.

Escribimos COPY C:\FICHERO.TXT A:FICHERO_1.TXT

Pulsar Intro.

* Para comprobar que la operación se ha realizado correctamente utilizamos la función DIR.

Mover un fichero

De esta manera se pierde la antigua situación para tener una nueva localización.

Escribimos MOVE DIBUIX1.BMP A:

Pulsar Intro.

* Al utilizar esa función hay que tener cuidado de no tener ningún archivo del mismo nombre con la misma extensión, ya que podría borrarse.

Comparar el contenido de dos ficheros

Comparamos dos archivos de texto con la función FC.

Escribimos FC C:\TEXTO.TXT A:\TEXTO.TXT

Pulsar Intro.

En caso de haber alguna diferencia, aparecerá en la pantalla.

Borrar ficheros

La capacidad de los discos duros no es infinita, de modo que en algún momento será necesario borrar los archivos que no se necesiten. Para ello utilizamos la función DEL.

Si queremos borrar un fichero del disco duro, escribimos DEL C:\LIBRO.TXT

Pulsar Intro.

Recuperar archivos borrados

Escribimos UNDELETE C:\LIBRO.TXT

Pulsar Intro.

El Dos nos preguntará por el nombre del archivo. Hay que introducir el primer carácter del archivo borrado para acabar.

Renombrar ficheros

Para cambiar el nombre de algún archivo utilizamos la función REN.

Escribimos REN DOC.HTM GESTION.HTM

Pulsar Intro.

En este caso se renombra el archivo DOC.HTM por GESTION.HTM

Crear un directorio

Para crear un directorio o carpeta y más tarde meter archivos dentro, utilizamos la función MD.

Escribimos MD NOTAS.

Pulsar Intro.

* De esta forma tenemos un directorio llamado notas. Usamos DIR para ver lo que contiene.

Cambiar de directorio

Para cambiar de un directorio a otro usamos la función CD.

Escribimos CD TEXTOS

Pulsar Intro.

* En este caso nos encontramos en la pantalla dentro del directorio TEXTOS, por lo que ya podemos trabajar en él y crear un subdirectorio.

Crear un subdirectorio dentro un directorio existente

Situados dentro del directorio TEXTOS, escribimos MD LENGUAJE

Pulsa Intro.

Ya tenemos un subdirectorio llamado LENGUAJE, dentro del directorio TEXTOS.

Activar el directorio padre

Para retroceder y volver al directorio raíz escribimos CD...

Pulsar Intro.

* Y volvemos a estar dentro del directorio TEXTOS.

Formar la estructura de árbol de directorios

En ocasiones queremos tener una visión completa del contenido de un disco. Para ello utilizamos la función TREE.

Escribimos TREE

Pulsar Intro.

Copiar archivos de un directorio a otro

Usamos las funciones MOVE Y COPY para mover y copiar los archivos de un directorio a otro.

Escribimos COPY A:\HISTORY.TXT C:\APUNTES\DOCUMENTS. (Para copiar los archivos).

Pulsar Intro.

Escribimos MOVE A:\HISTORY.TXT C:\APUNTES\DOCUMENTS. (Para mover los archivos).

Pulsar Intro.

Borrar directorios

En ocasiones queremos borrar el contenido completo de un directorio, incluyendo todo los subdirectorios y los archivos que contienen.

Escribimos DELTREE C:\HISTORY.

Pulsar Intro.

* Al usar la orden DEL borramos el contenido pero no el directorio.

2.2.2. Herramientas básicas del sistema operativo

Los sistemas operativos son entornos de trabajo que incluyen un buen número de utilidades. En general, estas utilidades no son nada especiales y sirven para desempeñar tareas básicas. A medida que las vamos utilizando, nos damos cuenta de que se van quedando cortas.

Todo sistema operativo debe contar con diferentes herramientas que se pueden clasificar en:

- Herramientas de aplicación.
- Herramientas de configuración.
- Herramientas de indización.

Como ejemplo tomaremos las herramientas del sistema operativo Microsoft Windows.

Herramientas de aplicación. Son todos aquellos programas que contiene el sistema operativo Windows para que el usuario desarrolle sus propias actividades, ya sea hacer un escrito, diseñar un dibujo, realizar un cálculo, reproducir música...

Estos programas son el Paint, Wordpad, calculadora, bloc de notas, mapa de caracteres, Windows Media Player, grabadora de sonidos, Internet Explorer, Windows Dvd Maker, calendario, juegos, Windows Mail...

Herramientas de configuración. Son aplicaciones que permiten al usuario conocer las características específicas de su equipo y cambiar la configuración de alguno de los dispositivos de hardware (ratón, pantalla, teclado...).

El Panel de Control es una de las herramientas más importantes del sistema operativo. Tiene la misión de configurar todos los dispositivos del sistema de la computadora. Desde esta herramienta se pueden modificar las características de los dispositivos que forman el sistema.

Otra herramienta que se puede destacar son las Propiedades del sistema. Es un cuadro de información que proporciona datos al usuario acerca del tipo de procesador, capacidad de la memoria RAM, versión del sistema operativo... Se puede acceder a este cuadro de información en la opción propiedades del menú contextual del equipo.

La herramienta Propiedades del Disco es un cuadro de diálogo que muestra información sobre la capacidad de almacenamiento que tiene cualquier unidad de disco. Permite asignarle un nombre, llamado label.

Para poder acceder a este cuadro de diálogo hay que situarse en la opción de propiedades del menú contextual de la unidad de disco a verificar.

Herramientas de optimización. Son aquellos programas o aplicaciones que permiten al usuario mejorar el rendimiento de su sistema operativo. Entre ellos están:

- Comprobador de errores (Scandisk).
- Desfragmentador de disco.
- Liberador de espacio en disco.
- Restaurador del sistema.

2.3. Sistemas operativos en redes locales: configuración básica de un sistema de red, actualización y acciones para compartir recursos

El primer paso para configurar un sistema de red es tener preparado el hardware que se va a usar y los lugares donde se va a instalar el servidor y las estaciones de trabajo. Después, se preparan los ordenadores, discos, unidades de cinta, las impresoras y todo el equipo adicional que se va a usar. Más tarde debe instalarse todo el cableado.

A continuación, se configura la red. Hay que conectar el equipo y los cables e instalar el software del sistema operativo, el software de red y las aplicaciones.

Es necesario tener ciertos conocimientos sobre informática, en especial sobre redes, para coordinar el correcto funcionamiento de una red local. De ahí la importancia del administrador de red.

La función del administrador de red es conseguir el máximo rendimiento de los servicios al mismo tiempo que reduce los costes. Esto requiere tiempo, dinero y dedicación.

Una vez instalada la red, el administrador debe reconocer todos los aspectos de su funcionamiento, desde el arranque hasta el apagado, y todo lo que sucede en el transcurso del día, incluyendo la conexión al equipo, la asignación de derechos de acceso, encargarse de la seguridad haciendo copias de seguridad y recuperando datos... El administrador debe estar al tanto del uso de la red dentro de la empresa o institución y también de los últimos avances en tecnologías, especialmente sobre informática y redes.

Las responsabilidades de un administrador de redes son las siguientes:

- Responder a las necesidades de los usuarios.
- Diseña la instalación, en la que se incluye el cableado, el lugar físico donde se instalan las estaciones, derechos de acceso, los interfaces de los usuarios y la seguridad.
- Configurar la red al ponerla en marcha cuando se produzca algún cambio.
- Administrar la red.
- Diagnóstico de problemas y llevar a cabo las reparaciones necesarias.
- Evaluación el rendimiento de la red.
- Planificación de los cambios tanto a corto como largo plazo.

Para llevar a cabo la configuración de la red, es necesario primero poner en funcionamiento el sistema. Hay que instalar el hardware de la red (los ordenadores, terminales, impresoras) y configurar el sistema operativo y de red. Estos son los pasos a seguir:

- Instalar el cableado de red.
- Instalar los interfaces de todas las estaciones.
- Instalar tarjetas de memoria adicional en los ordenadores cuando sea necesario.
- Instalar el disco o discos duros y otros periféricos.
- Conectar todo el equipo de la red.
- Formatear los discos y copiar en ellos el software de la red.
- Configuración del sistema.

La mayoría de los sistemas operativos de red permiten compartir recursos a cualquier usuario de la red, y además, determinan la forma en que se comparten.

Las opciones para compartir recursos incluyen:

- Permitir que diferentes usuarios con distintos niveles de protección accedan a los recursos.
- Coordinar el acceso a los recursos para que dos usuarios no utilicen el mismo recurso al mismo tiempo.

Por ejemplo, el sistema operativo Windows para Trabajo en Grupo permite compartir recursos como archivos, directorios e impresoras:

- Compartir archivos: bajo este sistema operativo los usuarios pueden compartir cualquier tipo de archivo. Solo hay que utilizar el botón compartir, que hace aparecer un cuadro de diálogo donde se puede especificar el nivel de acceso del resto de los usuarios. Para modificar los permisos de acceso es necesario introducir una clave de acceso o contraseña.

  Existe una herramienta interesante de Windows para Trabajo en Grupo llamada *Network Dynamic Data Exchange* que permite copiar partes de un documento de un usuario en un documento propio, y cuando se realizan modificaciones, estas quedan reflejadas en el documento del que procede.

- Compartir directorios: Windows para Trabajo en Grupo permite compartir directorios con otros usuarios. El usuario solo tiene que fijar una opción, establecer los niveles de seguridad y la clave de acceso.

- Compartir impresoras: el usuario solo tiene que usar el botón Conectar impresora de red para que aparezca la lista de impresoras compartidas que hay en la red y seleccionar la que se va a utilizar. Con el administrador de impresión se puede ver el estado de los trabajos que hay en las colas de impresión de las impresoras que hay en la red.

2.4. Aplicación de medidas de seguridad y confidencialidad del sistema operativo: programas de protección (antivirus, *firewire, antispam*, otros)

Después de haber instalado el sistema operativo es necesario asegurar dicho sistema para evitar los múltiples peligros del exterior que existen en la actualidad.

La seguridad del sistema está basada en estos dos aspectos que deben estar en constante vigilancia:

Actualización del software. Si tomamos como ejemplo el sistema operativo Windows, es fundamental mantener nuestro sistema actualizado, ya que se detectan fallos de manera regular. El mecanismo utilizado por Microsoft para distribuir las distintas versiones del sistema operativo es Windows Update. Se recomienda su configuración para que el proceso se realice de forma automática.

Programas de seguridad

Firewall: es un elemento perteneciente tanto al hardware como al software. Se encarga de analizar el tráfico de la conexión de red y bloquear el tráfico no deseado.

Antivirus: podemos definir un virus como un programa malicioso que puede infectar otros programas modificándolos para incluir una copia de sí mismo. Los virus tienen la función de propagarse, pero además, la mayoría de ellos contiene una carga dañina llamada payload, con diferentes objetivos: destrucción de información, envío masivo de mensajes, copia y robo de información confidencial, robo de contraseñas o bloqueo de las redes informáticas generando tráfico inútil.

El antivirus es el encargado de detectar y eliminar los virus.

Los antivirus deben tener las siguientes características para realizar su función:

1. Debe contar con un programa para el escaneo y limpieza que se ejecuta cuando lo solicita el usuario. También comprueba el sistema de ficheros y la memoria.
2. Monitor de sistema. Ejecuta cada uno de ficheros y la memoria. Su función principal es detectar posibles amenazas y evitarlas.

Esta utilidad nos ofrece un interfaz gráfico, en el cual se muestra un listado de todos los procesos que se están ejecutando en el sistema en ese momento, con la posibilidad de anularlos, cuando el nivel de inestabilidad es alto. Nos informa del rendimiento del equipo en relación con el uso del procesador o el nivel de memoria del sistema.

3. Sistema de actualización que permita disponer de las bases de datos con las actualizaciones de los últimos virus que hayan aparecido.

Figura 2.5. *Antivirus.*

Anti-Spyware: los programas espía o spyware son aplicaciones cuya misión es recopilar información sobre una persona u organización sin su conocimiento.

Esta información luego puede ser cedida o vendida a empresas publicitarias. Pueden recopilar información del teclado de la víctima reconociendo contraseñas, números de cuentas bancarias o pines.

Los buenos anti-spyware deben tener las mismas propiedades que un antivirus (escaneo, monitor de sistema y continuas actualizaciones).

Las copias de seguridad: son una operación que debe realizarse de forma periódica y que consiste en copiar la información importante en una nueva ubicación (CD-ROM, cintas magnéticas, unidades zip, discos especiales...).

Normalmente la copia de seguridad requiere dos tipos de organizaciones:

- Copia de seguridad completa. Consiste en duplicar todo el contenido que se desea conservar en la nueva aplicación. Suele requerir bastante tiempo y espacio para realizarse.

- Copia de seguridad incremental. En estos casos, se copia únicamente los ficheros que se han modificado desde la última copia completa o incremental. La ventaja principal que ofrece es que es mucho más rápida, ya que la cantidad de información a copiar es mucho menor, y se requiere menos espacio. La principal desventaja es que a la hora de restaurar una copia de seguridad es necesario restaurar, en primer lugar, la copia de seguridad completa, y después, todas las copias incrementales hasta obtener la versión final de los datos.

Habitualmente se suele realizar una copia completa de forma semanal o mensual y otra incremental de forma diaria.

Desfragmentación: aunque el sistema operativo intenta mantener el disco en las mejores condiciones posibles, con el uso se puede desorganizar el almacenamiento e ir perdiendo rendimiento. Este proceso se denomina fragmentación y consiste en que los ficheros se encuentran muy repartidos por el disco por lo que el tiempo de acceso al mismo se incrementa.

Para solucionarlo, hay que realizar periódicamente una desfragmentación.

Otras amenazas que podemos encontrar son:

- Spam: consiste en la recepción de mensajes no solicitados. Se suele utilizar esta técnica en los correos electrónicos, mensajería instantánea y mensajes a móviles.
- Phishing: intenta conseguir información confidencial de forma fraudulenta, como conseguir contraseñas o pines bancarios, haciendo una suplantación de identidad. Para ello el estafador se hace pasar por una persona o empresa de la confianza del usuario mediante un correo electrónico oficial o mensajería instantánea, y de esta forma conseguir la información.
- Adware: programas que abren ventanas emergentes mostrando publicidad de productos y servicios. Se suele utilizar para subvencionar la aplicación y que el usuario pueda bajarla gratis u obtener un descuento. Normalmente el usuario es consciente de ello y da su permiso.

2.5. Medidas de conservación e integridad de la información contenida en los archivos. Y salvaguarda de los derechos de autor

A diferencia de los documentos no electrónicos, que conservan su autenticidad al mantener la misma forma y estado de transmisión en el que han sido creados, recibidos o guardados, los archivos electrónicos conservan su autenticidad mediante estos dos procesos:

- Renovación. Genera una reproducción completa tanto del contenido como de los elementos formales de un documento. Se puede considerar una copia fidedigna del original.

- Migración. Consiste en la transferencia periódica entre configuraciones o entre generaciones de tecnología. Permite la conservación de la información en un modo que no garantiza ser una copia exacta del original. Reproduce el contenido del documento cambiando la configuración y el formato.

La conservación implica también el desarrollo de procedimientos de control de los documentos electrónicos desde el momento en que dejan de ser necesarios para la gestión, pero también por una autoridad que verifique y certifique los resultados de la migración.

La autenticidad de las fuentes ha sido siempre un tema complejo en el área de preservación de las ciencias de la documentación. Con la llegada de las nuevas tecnologías, el tema de la integridad y autenticidad se ha vuelto mucho más complejo.

Los términos autenticidad y autenticación son completamente diferentes. Mientras que la autenticación se refiere a la identificación de usuarios y permisos de acceso, la autenticidad se basa en asegurar los contenidos y la verificación del recurso, sin que se altere el contenido del documento.

A esto hay que añadir la problemática de encontrar personal especializado para el proceso de digitalización, que esté cualificado para llevar a cabo el proceso y documentando suficientemente los métodos y herramientas utilizados.

Los métodos utilizados hoy en día para asegurar la autenticidad de los documentos digitalizados, originales o preservados son:

Públicos.

- Registros de identificadores únicos.
- Definición de estructuras de metadatos que contengan declaraciones de preservación de autenticación.

Privados.

- Marca de agua digital: son patrones o señales insertadas en documentos digitales (texto, imágenes, vídeo, audio) para identificar el autor o propietario, su uso no autorizado o su alteración.

  Utiliza estos cuatro métodos:

  1. Desplazamiento imperceptible de determinadas líneas de texto, de arriba abajo.
  2. Alteración del espacio entre palabras en una línea de texto justificado.
  3. Modificación de la forma de determinados caracteres.
  4. Inserción de una señal o imagen como fondo.

- Esteganografía: se trata de transmitir información de modo que pase inadvertida, escondida dentro de texto o imagen. Esta técnica consiste en ocultar un texto o cualquier otro tipo de información, dentro de un archivo gráfico o de audio, asegurado por una clave conocida solo por la persona que ha creado ese archivo, pero que será el encargado de hacerla saber a quien quiera descubrir el contenido de esa información.

  No notaremos nada extraño al oír el archivo de audio o al ver la fotografía, pero si contamos con un programa determinado y la clave de acceso del que creó el archivo podremos descubrir la información que lleva dentro.

Estas técnicas implican tener un programa que sea capaz de ocultar los datos.

Estos programas se componen de una parte que oculta los datos y otra que los extrae y los muestra.

Dependiendo de las características de tamaño y color del documento, puede ser más o menos difícil diferenciar la imagen inicial de la imagen con la información oculta.

En los archivos de sonido la información se puede ocultar fácilmente con ruido de fondo.

La importancia de estos aspectos es que la protección de derechos de copyright de imágenes, documentos sonoros y documentos escritos se ha complicado enormemente debido a la facilidad con la que se descargan estos archivos de la web con un solo clic del ratón.

Actualmente, la falta de seguridad en las redes es un problema en crecimiento. Cada vez es mayor el número de ataques y los mecanismos de piratería son cada vez más especializados.

Es fundamental conseguir un entorno seguro utilizando la esteganografía, encriptación y autenticación para conseguir la privacidad individual y corporativa, así como la protección de información en todos los ámbitos laborales y empresariales.

- Firma digital: permite garantizar la identidad del autor y la integridad de un documento digital a partir del concepto de la firma manuscrita en papel. Es un conjunto de datos técnicos que están asociados al documento y al firmante, cuyo objetivo es asegurar la autoría y que no se hayan producido alteraciones.

  La firma electrónica es un concepto diferente que agrega datos al documento pero que resulta un método débil para identificar al firmante.

  Un documento con firma digital se presume válido (proviene del firmante o suscriptor del certificado y el documento no fue alterado) salvo prueba de lo contrario, es decir, que corresponde asegurar su aseveración a quien alega su invalidez. En la firma electrónica el valor probatorio es inverso, la parte que reclama su invalidez debe demostrar su aseveración.

2.6. Normas vigentes en materia de protección de datos y confidencialidad electrónica

Normativa que afecta al funcionamiento de los archivos electrónicos

Ley 39/2015, de 1 de octubre, del Procedimiento Administrativo Común de las Administraciones Públicas

Ha consagrado al medio electrónico como la principal forma en la que las administraciones públicas españolas han de testimoniar su actividad (art. 36.1).

El archivo electrónico único se constituye en cada administración como el principal depositario de los documentos electrónicos que constituyen dicho testimonio (art.17).

Recoge una serie de disposiciones sobre la gestión de documentos, abordando cuestiones relativas al diseño, creación y registro de documentos, su agrupación en forma de expedientes y su posterior transferencia a un archivo electrónico único del que hablaremos después.

En el artículo 26.1 se establece que los documentos públicos administrativos son aquellos válidamente emitidos por los órganos de las Administraciones Públicas, y deben emitirse por escrito, a través de medios electrónicos, salvo que su naturaleza exija otra forma de expresión más adecuada.

En el capítulo 26, en el segundo apartado, se recogen los requisitos del contenido, contexto (datos de identificación que permitan su individualización, referencia temporal del momento de emisión, metadatos mínimos, firmas electrónicas) y estructura (soporte electrónico susceptible de identificación y tratamiento diferenciado). Todos ellos son necesarios para otorgar validez al documento administrativo.

Por el otro lado, los documentos deben ser recibidos por la administración a través de medios electrónicos o ser previamente digitalizados. Aun así, las administraciones están obligadas a expedir copias auténticas electrónicas de cualquier documento en papel que presente el interesado.

Una vez registrados y anotados los correspondientes asientos en el Registro Electrónico General, los documentos recibidos por las Administraciones serán cursados de inmediato a sus destinatarios y a las unidades administrativas correspondientes desde el registro en que hubieran sido recibidas.

Para formarse **el expediente electrónico**, los documentos habrán de incorporarse a su correspondiente expediente. No formará parte del expediente administrativo la información auxiliar de apoyo (notas, borradores, opiniones, resúmenes, comunicaciones, informes, juicios de valor emitidos por administraciones públicas...).

En el artículo 75.2 se establece que las aplicaciones y sistemas de información utilizados para llevar a cabo los procedimientos deben garantizar el control del tiempo y plazos, la identificación de los órganos responsables y la tramitación ordenada de los expedientes y la simplificación de los procedimientos.

Una vez finalizados los procedimientos, los documentos deben ser transferidos a un **documento electrónico único** para cada Administración, en los términos establecidos en el artículo 17.1. Además, siempre que sea posible, todos los documentos en formato papel asociados a procedimientos administrativos que hayan finalizado antes de la entrada en vigor de la nueva ley, deben digitalizarse de acuerdo a la normativa.

En el artículo 17 se establecen las condiciones de conservación de los documentos en el archivo único y las medidas de seguridad que se requieren: "Los documentos electrónicos deberán conservarse en un formato que permita garantizar la autenticidad, integridad y conservación del documento, así como su consulta con independencia del tiempo transcurrido desde su emisión. Se asegurará en todo caso la posibilidad de trasladar los datos a otros formatos y soportes que garanticen el acceso desde diferentes aplicaciones" (art. 17.2).

"Los medios o soportes en que se almacenen documentos, deberán contar con medidas de seguridad, de acuerdo con lo previsto en el Esquema Nacional de Seguridad, que garanticen la integridad, autenticidad, confidencialidad, calidad, protección y conservación de los documentos almacenados. En particular, asegurarán la identificación de los usuarios y el control de accesos, así como el cumplimiento de las garantías previstas en la legislación de protección de datos" (art. 17.3).

<u>Ley 40/2015, de 1 de octubre, del Régimen Jurídico del Sector público</u>

<u>Real Decreto 4/2010, de 8 de enero, por el que se regula el Esquema Nacional de Interoperabilidad en el ámbito de la Administración Electrónica</u>

Establece en el capítulo 21.2:"Las Administraciones públicas crearán repositorios electrónicos, complementarios y equivalente en cuanto a su función a los archivos convencionales, destinados a cubrir el conjunto del ciclo de vida de los documentos electrónicos". Repositorio electrónico: "Archivo centralizado donde se almacenan y administran datos y documentos electrónicos, y sus metadatos".

Real Decreto 1708/2011, de 18 de noviembre, por el que se establece el Sistema Español de Archivos y se regula el Sistema de Archivos de la Administración General del Estado y de sus Organismos Públicos y su régimen de acceso

Real Decreto 1164/2002, de 8 de noviembre, por el que se regula la conservación del patrimonio documental con valor histórico, el control de la eliminación de otros documentos de la Administración General del Estado y sus organismos públicos y la conservación de documentos administrativos en soporte distinto al original.

En resumen, las Leyes 39/2015 y 40/2015 recogen aspectos importantes sobre la relación electrónica entre las Administraciones y el interesado. Cabe destacar los siguientes aspectos:

- Derechos de las personas en sus relaciones con las Administraciones públicas.
- Derechos del interesado en el procedimiento administrativo.
- Derecho y obligación de relacionarse electrónicamente con las Administraciones públicas.
- Asistencia al interesado en la utilización de los medios electrónicos.
- Registros electrónicos de apoderamientos.
- Sistemas de identificación de los interesados y mecanismos de firma electrónica.
- Notificaciones electrónicas.
- Documentos electrónicos: emisión y remisión de documentos. Archivo electrónico.
- Punto de Acceso General.
- Registro Electrónico General.

El ámbito de aplicación de estas leyes es el sector público, y está compuesto por:

- La administración general del Estado.
- Las administraciones de las comunidades autónomas.
- Las entidades que integran la administración local.
- El sector público institucional.

Figura 2.6. *Protección de archivos electrónicos.*

EJERCICIOS

2.1. Señalar cuál o cuáles de las afirmaciones son ciertas:

a) Para que un documentos electrónico sea considerado como documento de archivo es suficiente con que tenga una serie de valores evidenciales.

b) Para que un documentos electrónico sea considerado como documento de archivo debe tener una serie de valores evidenciales, y además debe estar en condición de conservar los valores durante todo el ciclo vital.

c) Ninguna es correcta.

2.2. Algunas de las causas de que haya errores a la hora de instalar software en equipos informáticos son:

a) Utilización de un software pirata o no autorizado.

b) Ejercer un excesivo control sobre la licencia de software.

c) Aparición de virus informáticos que pueden dañar el software instalado.

d) a y c son correctas.

2.3. Una de las características de las impresoras láser es:

a) Tienen un precio bajo.

b) Son excesivamente ruidosas.

c) Son resistentes y rápidas.

d) a y b son correctas.

2.4. ¿Qué es MS-DOS?

a) Un lenguaje de programación.

b) Un sistema operativo.

c) Una herramienta de optimización.

d) Ninguna es correcta.

2.5. Se denomina "tiempo de acceso":

a) Al período de vida útil de cualquier medio informático.

b) Al tiempo que tarda en arrancar un dispositivo informático.

c) Al tiempo medio que se tarda en acceder a cualquier registro físico.

2.6. Un sistema operativo que es capaz de ofrecer servicio a más de un usuario en tiempo real es:

a) Un sistema monousuario.

b) Un sistema multiusuario.

c) Un sistema en red.

2.7. El comando propiedades del sistema Windows nos indica:

a) Muestra las propiedades de archivos y carpetas, como son el tipo, tamaño o fecha de creación.

b) Indica la capacidad en disco del sistema.

c) Nos indica cuántos archivos tenemos abiertos.

d) a y b son correctas.

2.8. Los monitores con tecnología LCD:

a) Tienen un consumo eléctrico menor que los monitores de tubo.

b) No emiten radiaciones electromagnéticas.

c) Su calidad de imagen es superior a la de los monitores de tubo.

d) a y c son correctas.

2.9. Algunos ejemplos de software de aplicaciones son:

a) Editores de imágenes.

b) Hojas de cálculo.

c) Sistemas administradores de bases de datos.

d) Todas son correctas.

2.10. La esteganografía consiste en:

a) Es una técnica de digitalización.

b) Es una técnica que consiste en ocultar un texto o información dentro de un archivo gráfico o de audio.

c) Es una técnica para editar imágenes.

d) b y c son correctas.

3. Gestión básica de información en sistemas gestores de bases de datos

Contenido

Los sistemas gestores de bases de datos se crearon para facilitar el desarrollo y avance de las empresas.

Sabemos que la información crece día a día, y conforme va creciendo surgen nuevas necesidades, que es preciso suplir para mantener a flote a la empresa en el mundo moderno donde la información es la clave del éxito.

Administrar la información ha sido y sigue siendo el propósito de los sistemas gestores de bases de datos.

En la actualidad, los SGBD han logrado su objetivo. Sin embargo han surgido diversos tipos de SGBD que se perfilan de acuerdo a la necesidad del usuario y destacan más unas cualidades que otras. Estos sistemas son Oracle, MYSQL, Access...

Los recursos utilizados por los SGBD van desde una red, máquina, hasta sistemas operativos, pero su funcionamiento varía muy poco dependiendo de las cualidades que tengan dichos recursos. De todos modos el propósito de un SGBD sigue siendo el mismo: administrar información.

Los sistemas gestores de bases de datos nos facilitan el desempeño y manejo de la información útil. Su funcionamiento depende de qué tanto provecho seamos capaces darle a estas herramientas tan poderosas. Por esta razón es preciso conocer, definir, manejar e identificar los SGBD para lograr extraer todo el potencial que encierran estos novedosos programas.

3.1. Bases de datos

Se puede decir que una base de datos es una colección de datos interrelacionados, almacenados en un soporte físico de gran capacidad, al que pueden acceder varios usuarios.

Como su propio nombre indica, una base de datos es un lugar donde se almacena información. Es una especie de cajón donde podemos depositar datos muy diversos. Lo cierto es que puede contener mucho más que datos, configurándose en realidad en un objeto vital para la correcta gestión de la información que precisan las empresas para poder tomar decisiones de manera coherente.

Una base de datos es el objeto lógico que sirve para almacenar y recuperar información (datos) desde un dispositivo, generalmente una unidad de disco, pero también debe asegurar la integridad de dichos datos basándose en reglas previamente definidas. La información debe ser interpretada fácilmente por el usuario.

Es fundamental favorecer el rendimiento en la recuperación de datos. Es necesario evitar las redundancias lógicas para eliminar duplicidades innecesarias. El uso de índices puede proporcionar una mayor rapidez en la ejecución de las consultas.

La definición y descripción de los datos contenidos en la base de datos deben ser únicas y estar integradas en los propios datos. Los datos se estructuran mediante un modelo que recogerá la semántica existente en el mundo real.

La propia lógica de funcionamiento puede estar almacenada en la base de datos, de manera que las operaciones más corrientes se definen como procedimientos almacenados que son ejecutados cuando sea necesario. La creación de una nueva cuenta de cliente o la búsqueda de productos pertenecientes a una cierta familia pueden considerarse como algunos de los procedimientos almacenados que ejecuta una base de datos. No solo se almacenan datos, sino también los procesos necesarios para su manejo.

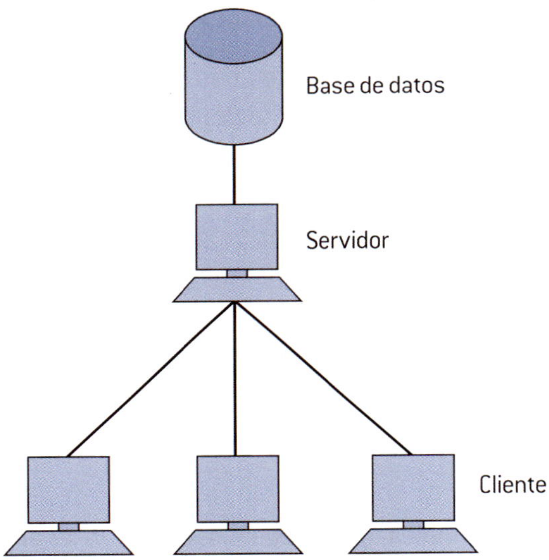

Figura 3.1. *Base de datos.*

La aplicación de los ordenadores en las empresas y organismos comenzó con el tratamiento administrativo de sus datos operacionales, es decir, los que son necesarios para llevar a cabo las tareas de rutina (nómina, contabilidad). Sin embargo, la potencia de estas máquinas no podía permitir que se las confinase en este campo, excesivamente limitado para sus posibilidades reales, y el ordenador empezó a intervenir en la gestión del organismo, ayudando a la sistematización de las funciones de dirección y constituyendo un elemento activo en el proceso de toma de decisiones.

De este modo, surgen sistemas de información basados en el ordenador, cuyo principal objetivo es mejorar el proceso de información del organismo y lograr su máxima eficacia.

Se puede definir el **sistema de información** como un conjunto de personas, procedimientos y equipos, diseñado, construido, operado y mantenido para recoger, almacenar, procesar, recuperar y presentar información con el fin de atender las necesidades de información del organismo y cumplir sus objetivos.

Hay que tener en cuenta que el sistema de información no es otra cosa que un subsistema de los varios que integran la organización.

Toda base de datos debe contener más elementos que los simples datos. En su conjunto, debe estar formado por cuatro componentes: el *hardware*, el *software*, los datos y las personas.

El hardware. Es el conjunto de dispositivos físicos sobre los que reside la base de datos. Consiste en una o varias computadoras, unidades de disco, monitores, impresoras, unidades de almacenamiento, cableado...

Los ordenadores utilizados para trabajar con bases de datos pueden ser de cualquier tipo, computadoras centrales u ordenadores personales. La computadora central, o mainframe en inglés, se utiliza para soportar el acceso de varios usuarios a una base de datos común. Los ordenadores personales se utilizan frecuentemente con bases de datos autónomas que son controladas por un único usuario. Aun así, pueden conectarse a un servidor, garantizando el acceso de varios usuarios a una base de datos común almacenada sobre varias unidades de disco y controlada por un servidor.

Las unidades de disco constituyen el principal mecanismo de almacenamiento para las bases de datos. Son esenciales, ya que permiten el acceso directo, sin el cual no podría ser posible el procesamiento de los datos.

Los sistemas de bases de datos evolucionan a la vez que lo hacen la tecnología y el software. Para controlar la enorme cantidad de datos almacenados es necesario una memoria principal y un espacio de almacenamiento en disco de grandes dimensiones. Es necesario disponer de equipos rápidos para recuperar la información en un tiempo aceptable en un entorno con un gran número de usuarios. El hecho de que el hardware sea cada vez más potente y barato posibilita la rápida difusión de los sistemas de bases de datos.

El *software*. Hay que distinguir varios tipos de software en una base de datos:

- El sistema de gestión de bases de datos (SGBD).
- El *software* de aplicación, que usa las facilidades del SGBD para manipular la base de datos. Los nuevos sistemas de base de datos ofrecen lenguajes mucho más eficientes.
- Herramientas para el desarrollo de aplicaciones, como los generadores de pantallas, menús e informes, generadores de aplicaciones, compiladores y vistas de los datos.

Los datos. Son el objeto principal de una base de datos. Constituyen la base sobre la que se fundamentan las necesidades de información y de procesamiento de una empresa. Los datos deben ser cuidadosamente estructurados. Las funciones deben ser analizadas con detenimiento, los datos y las interrelaciones entre ellos deben identificarse y definirse correctamente. Estas definiciones deben almacenarse en un diccionario de datos.

Las personas. Se puede hablar de dos tipos de usuarios:

- Usuarios no informáticos: son aquellas personas que necesitan la información de la base de datos para desarrollar su responsabilidad primaria en el negocio. A este colectivo pertenecen los ejecutivos, administradores, personal de oficina...
- Usuarios informáticos: son las personas que tienen la responsabilidad del diseño y el mantenimiento del sistema de base de datos y su paquete de programas. A este colectivo pertenecen los analistas, programadores, diseñadores del sistema y de la base de datos, administradores de los sistemas de información...

3.1.1. Tipos y características

Existen diferentes tipos de bases de datos o formas de organizar la información. Cada uno de los modelos tiene sus ventajas y sus inconvenientes.

Según el contenido de los registros las bases de datos se pueden clasificar en:

- Bases de datos con información factual: recogen informaciones muy concretas y actuales. Generalmente son de carácter numérico.
- Directorios: recogen datos sobre personas o instituciones especializadas en una actividad o materia específica.

- Bases de datos documentales: cada registro se corresponde con un documento.

Según la variabilidad de los datos pueden ser:

- Bases de datos estáticas: son de solo lectura, se utilizan principalmente para almacenar datos históricos que luego se pueden utilizar para estudiar el comportamiento de un conjunto de datos a través del tiempo.
- Bases de datos dinámicas: en ellas se puede modificar la información almacenada, permitiendo operaciones como actualización, eliminación, edición de datos y operaciones de consulta..

Dentro de las **bases documentales** podemos hacer otra clasificación.

Según sea el contenido completo o no de los documentos se clasifican en:

- Bases de datos a texto completo: permiten el acceso al propio documento en formato electrónico.
- Bases de datos referenciales: solo contienen la información fundamental para describir y permitir la localización de los documentos, impresos o electrónicos.

Según la cobertura temática de la base de datos se pueden clasificar en:

- Multidisciplinares: tienen una cobertura temática amplia, abarcan varias disciplinas y temáticas.
- Especializadas: recogen información de un área temática concreta.

Según el modo de acceso se clasifican en:

- Bases de datos de acceso local: para consultarlas es necesario acudir a la biblioteca.
- Bases de datos en CD-ROM: se instalan en una red local y se consultan mediante ordenadores conectados a la red.
- Bases de datos en línea: se pueden consultar desde cualquier ordenador que esté conectado a Internet. La consulta puede ser libre o mediante suscripción. El acceso se puede realizar de dos formas, con el uso de una clave o mediante el reconocimiento de una dirección IP.

3.1.2. Estructura

Desde hace varias décadas, los programadores se esfuerzan por desarrollar sistemas de gestión de bases de datos cada vez con más capacidad. Este proceso consolida estos sistemas basándose en tres modelos de datos fundamentales. Se trata de tres métodos conceptuales para estructurar los datos. Estos modelos son los siguientes:

El modelo jerárquico. Este modelo surge a finales de los años setenta y es soportado por algunos sistemas de gestión de bases de datos. El esquema en este modelo es una estructura en forma de árbol compuesta de nodos, que representan entidades, enlazados por líneas que representan las interrelaciones entre dichas entidades.

Las ventajas de este modelo son las siguientes:

- Estructura simple: la jerarquía de la base de datos es similar al diagrama organizativo de una empresa a un árbol familiar.
- Organización padre/hijo: representa de forma excelente las relaciones padre/hijo.
- Rendimiento: el almacenamiento de las relaciones padre/hijo como punteros físicos desde un registro de datos a otro hace que el movimiento a través de la base de datos sea más rápido.

El modelo en red. Surge en los años sesenta al igual que el modelo jerárquico. Pronto se comprobó que este modelo tenía algunas deficiencias importantes, ya que no todas las interrelaciones podrían expresarse fácilmente en una estructura jerárquica.

Las ventajas de este modelo son las siguientes:

- Flexibilidad: las múltiples relaciones padre/hijo permiten a una base de datos en red representar datos que no tengan estructura jerárquica sencilla.
- Normalización: el estándar CODASYL reforzó la popularidad del modelo de red y muchos vendedores de computadoras implementaron bases de datos en red.
- Rendimiento: a pesar de ser más complejos, el rendimiento de estas bases de datos alcanzó al de las bases de datos jerárquicas.

El modelo relacional. Este modelo, a diferencia de los modelos previos, separa claramente la estructura lógica y la forma en la que los datos se almacenan. La estructura física es un detalle de implementación que no interesa al usuario, cuando en los modelos anteriores el conocimiento de estos detalles era algo fundamental para almacenar y recuperar información.

El desarrollo de esta técnica tiene lugar en los años setenta tomando como base el álgebra y el cálculo relacional. La estructura lógica de una base de datos relacional tiene como pilar fundamental la tabla. La tabla es un conjunto de filas, también conocidas como registros, que están compuestas de una o varias columnas. Las relaciones entre filas de datos, sean o no de la misma tabla, se definen en base de los propios datos mediante las llamadas claves primarias y claves foráneas, sin utilizar información sobre la estructura física con la que se almacenan los datos.

Las características fundamentales del modelo relacional son las siguientes:

- Las estructuras de datos son simples. Son relaciones que se presentan al usuario en forma de tablas bidimensionales, permitiendo cierto grado de independencia de la información con respecto al medio físico de almacenamiento de los datos.
- Proporciona una base sólida para la consistencia de los datos a través de las reglas de integridad. Igualmente, el proceso de normalización, al eliminar ciertas anomalías que pueden presentarse en las relaciones, representa una valiosa ayuda para el diseño de las bases de datos.
- Permite la manipulación de las relaciones en forma orientada a conjuntos. Esto ha permitido el desarrollo de lenguajes muy potentes basados bien en la teoría de conjuntos o bien en la lógica de predicados. Estos lenguajes también incluyen las funciones necesarias para la definición de datos, obtención de estadísticas básicas (mínimos, máximos, medias...), ordenación en determinada secuencia, agrupamiento... Igualmente debe proporcionar medios para controlar la integridad, seguridad y consistencia de los datos.

La distinción entre la representación lógica y física de los datos fue reconocida oficialmente en 1978, cuando el comité ANSI/SPARC propuso un modelo de estructura para sistemas de bases de datos. Este modelo presenta una arquitectura en tres niveles de abstracción bajo los que se puede ver una base de datos:

Estructura lógica de usuario: esquema externo

- Es la visión que de la base de datos tiene un usuario en particular. Deben encontrarse reflejados solo aquellos datos e interrelaciones que necesite dicho usuario. También habrán de especificarse las restricciones de uso (insertar, borrar o acceder a datos).
- Según el modelo de datos, pueden aparecer en este nivel los caminos de acceso a los datos, aunque esto impide la independencia de datos y apli-

caciones. En el modelo relacional estos caminos tan solo se encuentran en el nivel interno, y son invisibles para el usuario, lo que resulta muy conveniente para lograr una mayor independencia.

- Habrá tantos esquemas externos como exijan las diferentes aplicaciones.

Estructura lógica global: esquema

- Aquí deberá incluirse la descripción, para el conjunto de los usuarios, de todos los datos e interrelaciones entre estos, las restricciones de integridad y de confidencialidad. La estabilidad de estos conceptos disminuye en el orden en el que los hemos citado. El esquema de la base de datos solo cambiará cuando cambie el mundo real que este representa. El objetivo del esquema global es conseguir una representación lo más fiel posible del mundo real que tratamos de representar en nuestra base de datos, con el fin de ofrecer un buen servicio a todos los usuarios del sistema de información.

Estructura física: esquema interno

- Aunque el contenido del esquema interno es muy dependiente de cada SGBD, podemos distinguir tres clases de aspectos.
- *Estrategia de almacenamiento.* Incluimos en este apartado la asignación de espacios de almacenamiento para los datos, así como las relaciones que existan entre los distintos espacios de almacenamiento. Se indicará la estrategia de emplazamiento de los datos que hemos utilizado para optimizar tiempo y espacio en soportes secundarios.
- *Caminos de acceso.* Se incluye en este apartado la especificación de claves primarias y secundarias; así como la de índices y punteros.
- *Miscelánea.* Incluimos las técnicas de compresión de datos, de criptografía, de ajuste, optimizaciones, etc.

Para poder usar correctamente una base de datos no es necesario conocer con detalle su estructura física. Por el contrario, sí necesitamos conocer su estructura lógica, ya que esta debemos utilizarla continuamente.

Desde el punto de vista físico, una base de datos está compuesta de varios archivos en disco. Son necesarios un archivo principal con datos y un archivo de registro de transacciones. De forma adicional, se pueden utilizar archivos de datos secundarios, en el caso de que la base de datos crezca en volumen de forma considerable. Además, es útil el uso de varios archivos cuando estos se alojan en varias unidades de disco distintas, ya que potencialmente el rendimiento es superior al trabajar dichas unidades en paralelo.

Los archivos de datos, tanto el principal y secundarios, contendrán los datos propiamente dichos, así como el resto de información descrita en el punto anterior: índices, procedimientos almacenados, vistas...

El archivo de registro de transacciones se utilizar para conservar la base de datos en un estado íntegro, facilitando su recuperación en caso de que fuese necesario. Para ello se almacena un registro de todos los cambios llevados a cabo sobre la base de datos. Cabe la posibilidad de que existan varios archivos de registro, siendo recomendable que residan en una unidad distinta a la que almacena los archivos de datos.

Entre los elementos lógicos de primer nivel que podemos encontrar en una base de datos están:

Tablas. Es el término que corresponde a la entidad básica de almacenamiento de información en una base de datos. Todos los datos que se pueden añadir mediante herramientas o aplicaciones se almacenarán en tablas. Cuando ejecutamos una consulta o abrimos una vista, los datos se recuperan de una o más tablas.

Una tabla está compuesta por varias filas de datos, también conocidos como registros, cada una de las cuales cuenta con el mismo conjunto de columnas o campos. Cada una de estas columnas tiene un nombre y un tipo que identifica la clase de información que puede contener. Las columnas se disponen de forma horizontal, de izquierda a derecha, mientras que las filas lo hacen verticalmente, de arriba abajo, dando lugar a la tabla de datos.

Una base de datos contiene múltiples tablas, existiendo enlaces entre ellas que permiten establecer relaciones uno a uno, uno a muchos y muchos a muchos.

Índices. Cuando se trabaja con tablas de tamaño considerable, con miles o millones de filas, el proceso de recuperación de los datos puede verse afectado de forma considerable. Es lógico teniendo en cuenta que para encontrar todas las filas de una tabla es preciso recorrerse todas las líneas de la tabla de principio a fin.

El mecanismo común para acelerar este proceso son los índices. Un índice es una lista de claves con una estructura que permite en los archivos de datos, al igual que en las tablas, que el servidor pueda realizar búsquedas de forma muy rápida en ella. Las claves pueden estar formadas por el contenido de una o varias columnas de una tabla. Un índice es capaz de acelerar la búsqueda de información, pero también puede ser usado para establecer el orden en que se almacenarán las filas en una tabla.

Cada vez que se inserta, modifica o elimina una tabla de la cual dependen uno o varios índices, el servidor tiene que actualizar no solo la tabla de datos sino también todos los índices que existan para mantener la consistencia con la información actual. Por tanto, cuantos más índices existan, más tiempo será necesario para llevar a cabo las operaciones.

Procedimientos almacenados. Se llaman así porque están almacenados en la propia base de datos. Gracias a estos procedimientos un administrador puede crear la estructura de una base de datos con la que trabajarán las aplicaciones y la lógica para administrar esos datos.

Además de estos elementos, una base de datos también puede alojar diagramas de datos, reglas, y valores predeterminados, así como tipos de datos y funciones definidas por el usuario.

El usuario de un sistema de información, ya sea un programador o el usuario final, necesita visualizar los datos contenidos en el sistema y tener medios necesarios para describirlos. La forma en la que aparecen estructurados los datos y como se presentan de cara al usuario es, como hemos comentado antes, lo que se denomina *estructura lógica.*

La forma como los datos se organizan en el soporte del ordenador es lo que se llama *estructura física.*

Las tres estructuras de los sistemas de base de datos

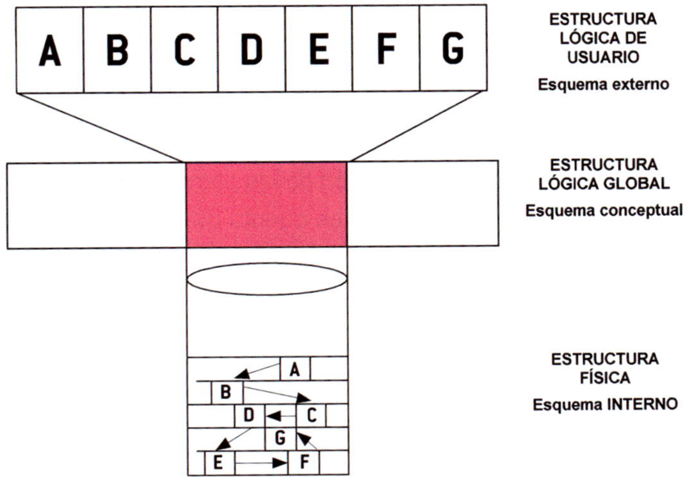

3.1.2.1. Estructuras de sistemas de bases de datos

La estructura física de un conjunto de datos debe ser tal que sea posible establecer, a partir de ella, las relaciones entre datos existentes a nivel lógico. Es preciso una correspondencia (*mapping*).

Se entiende por **fichero** un conjunto organizado de datos que tienen entre sí una relación lógica, y están memorizados en un soporte adecuado para poder comunicarse con el ordenador.

Registro. Los ficheros están constituidos por una agrupación de registros lógicos. El registro es un conjunto de datos referidos a un solo elemento del fichero: una entidad.

A su vez, el registro está constituido por la agrupación de los valores de distintos atributos, los *campos* o *elementos de datos.*

Todo registro suele tener un campo de identificación que recibe el nombre de identificador o clave primaria. Este campo es imprescindible si se quiere localizar un registro, ya se hayan detectado errores o incompatibilidades y se tenga que buscar el documento o cuestionario que los ha originado, o bien porque se desea actualizar el fichero al haberse producido cambios en la información.

Además del identificador, en el registro puede haber campos con información alfanumérica llamados literales.

También existirán otros campos cuyo contenido serán cantidades, como la fecha de nacimiento, los ingresos de una persona, el número de empleados de un local...

Los primitivos sistemas de información estaban basados en ficheros. En un sistema de ficheros los datos que necesita cada aplicación se organizan en un fichero, de forma que si dos aplicaciones tienen una parte de sus datos que es común a ambas, suele ocurrir que dichos datos están repetidos en dos ficheros, uno para cada una de las aplicaciones. A la duplicación de esfuerzos y mal uso del soporte y de otros recursos de máquina que dan lugar esta proliferación de ficheros hay que añadir otro problema más grave, que son las inconsistencias que se pueden producir si se actualizan los datos de uno de los ficheros y no se hace lo mismo con los del otro.

Los datos se convierten así en "prisioneros" de las aplicaciones, puesto que están diseñados específicamente para servir a un cierto proceso, por lo que este tipo de sistemas se pueden calificar como sistemas **orientados hacia los procesos**, existiendo una gran dependencia entre datos y aplicaciones.

La falta de flexibilidad de este enfoque lo hace muy inadecuado para conseguir sistemas de información para la toma de decisiones.

Para resolver estos problemas y cumplir el objetivo de conseguir una gestión más consistente del conjunto de los datos, surge un nuevo enfoque, en el que los ficheros están integrados en un depósito de datos común. De esta forma se evitan las duplicidades y el mal uso de los recursos, así como las posibles inconsistencias. Son los sistemas de bases de datos, en los que se procura que cada dato se encuentre una sola vez, sin redundancias perjudiciales.

Las bases de datos se pueden considerar como **sistemas orientados hacia los datos**, donde estos no están organizados para atender una aplicación concreta, sino para dar una mejor respuesta a las necesidades globales de información de la organización.

Esta nueva forma de abordar el tema de la organización de los datos en un sistema de información tiene sus ventajas y sus inconvenientes.

Entre sus ventajas queremos destacar:

- La independencia de los datos y las aplicaciones. Al no existir tanta dependencia del nivel lógico respecto al físico, se pueden introducir cambios físicos sin necesidad de alterar la visión que tienen los usuarios de los datos.
- La mejor disponibilidad de los datos para los usuarios. Se podría disponer de datos que están en la base cuando surgen nuevas aplicaciones.
- Coherencia de los resultados. Se elimina la redundancia lógica.
- Mayor semántica de la base de datos. Se representa más fielmente el mundo real y hace que disminuyan los errores y las inconsistencias en los datos almacenados.
- Integración de la documentación junto con los datos. En todo momento tenemos los datos, su estructura y la documentación asociada.
- Mayor eficiencia en la recogida y en el tratamiento de la información.
- Los datos están más protegidos.
- Más facilidad y sencillez de acceso a los datos. Se proporcionan lenguajes y herramientas que facilitan la interacción de los usuarios con la base de datos.

Entre sus inconvenientes están:

- Genera un coste.
- Supone un consumo de recursos que puede obligar a hacer ampliaciones del equipo.
- Se requiere formación especializada.
- Formación complementaria a todos los niveles. Les afecta tanto a los analistas, programadores como a los usuarios finales.

3.1.3. Funciones

De entre las funciones de un sistema de gestión de base de datos podemos destacar:

- Un SGBD puede proporcionar un amplio abanico de funcionalidades para poder desempeñar bien su misión. Normalmente se clasifican en definición, manipulación y utilización.
- Función de definición: permite describir los elementos de los datos, sus estructuras, sus interrelaciones y sus validaciones a nivel externo, lógico e interno. Esta función es realizada por una parte del sistema de gestión de base de datos denominada lenguaje de definición de datos (LDD).
- Manipulación: permite buscar, añadir, suprimir y modificar los datos de las bases de datos. Esta función se realiza por una parte del SGBD llamada lenguaje de manipulación de datos (LMD o DML).
- Función de utilización: incluye funcionalidades como la capacidad de modificar registros, cargar archivos, realizar copias de seguridad, arranque, protección frente a accesos no autorizados, gestión de la concurrencia, estadísticas de la utilización...

3.1.4. Asistentes

Para la creación de una base de datos, vamos a seguir los pasos del asistente de Microsoft Access.

Cuando creamos una base de datos nos encontramos a veces con que las tablas son similares entre sí. Al iniciar la sesión en Access, podemos acceder a esta opción mediante el menú Archivo o a través del botón Nuevo.

A diferencia de algunos campos más específicos, los campos básicos son prácticamente iguales. Así, el Asistente para base de datos nos va a mostrar una gran cantidad de bases de datos. Entre ellas podemos elegir la que más nos interese.

Al iniciar, aparecerá la ventana Nueva, esta tiene dos pestañas, General (para una base de datos en blanco) y la pestaña Bases de datos.

La pestaña bases de datos contiene iconos que representan las plantillas de bases de datos de datos disponibles. Cuando hacemos clic en un icono de plantilla podemos ver en la ventana Vista previa un dibujo en forma gráfica del propósito de la plantilla.

Se inicia el asistente seleccionando una plantilla y pulsando el botón Aceptar, también puede hacer doble clic sobre el icono de plantilla.

Ahora Access le muestra un cuadro de diálogo *Archivo nueva base de datos* y sugerirá un nombre. Se modifica si se desea y se pulsa en Crear para empezar a trabajar con el asistente. El asistente tardará unos momentos para iniciar y crear un nuevo archivo para la aplicación de la nueva base de datos. Hacemos clic en Siguiente para continuar.

El asistente nos muestra unos detalles sobre las posibilidades de la aplicación. Si no es lo que se desea se pulsa en Cancelar y se cerrará el asistente y el archivo. En caso contrario, se pulsa en Finalizar y el asistente terminará la base de datos con las opciones por defecto.

En esta ventana, podemos ver las tablas que el asistente se dispone a crear y los campos para cada tabla. En la mayoría de las tablas se puede indicar que campos se desea incluir apareciendo en cursiva todos los campos opcionales que no vienen activados por defecto.

Hacemos clic en siguiente. En esta ventana, decidimos que estilo deseamos aplicarle a los formularios. Se puede ver una prueba del estilo en el cuadro de la izquierda. Seleccionamos el que más adecuado y hacemos clic en Siguiente.

Ahora, definimos que estilo queremos para nuestros informes. Como en el caso anterior, vemos la prueba a la izquierda. Elegimos y hacemos clic en Siguiente.

En la siguiente ventana se asigna un nombre. Este parecerá en la barra de títulos de Access cuando se ejecute la aplicación. Para ello se pulsa sobre el cuadro de texto y se escribe el nombre. Se puede incluir una imagen que acompañará al nombre. Se selecciona en el botón imagen y ahora le aparecerá una prueba a la derecha del cuadro. Hacemos clic en siguiente.

Estamos en la ventana final. Aquí se puede elegir la base de datos inmediatamente después de que termine el asistente. También puede lanzar un conjunto especial de temas de ayuda que le van a guiar a través del uso de la aplicación de base de datos. Hacemos clic en Terminar para acabar.

3.1.5. Organización

El modelo de entidad-relación es unos de los modelos conceptuales más extendidos. Su dominio nos permite realizar un buen diseño de una base de datos desde el punto de vista del análisis conceptual.

Este modelo se presenta como una visión unificada de los datos, centrada en su estructura lógica y abstracta, como representación del mundo real y con independencia de cuestiones de tipo físico. Está basado en entidades que se interrelacionan o se relacionan entre sí.

Como respuesta a los problemas que suelen plantear los modelos de bases de datos tradicionales, aparece el **Modelo E/R** (entidad-relación) que ha tenido una mayor difusión y ha sido objeto de importantes aportaciones, enriqueciendo la versión original. Algunas características de este modelo son:

- Trata de aglutinar las ventajas de los modelos anteriores como son el modelo en red, el modelo jerárquico y el modelo relacional.
- Se adapta muy bien al nivel conceptual de la arquitectura ANSI/SPARC, ya que considera los datos desde el punto de vista de sus propiedades lógicas, apartándose de consideraciones sobre el almacenamiento y la eficiencia de las estrategias de acceso.

La componente *estática* permite definir una base de datos. Dentro de esa componente nos encontramos con los siguientes elementos en el modelo de entidad/relación:

- Entidades
- Interrelaciones
- Atributos
- Dominios

Entidad. Es un objeto real o abstracto de interés para la empresa. Es aquel objeto acerca del cual queremos almacenar información en la base de datos.

Una entidad permite representar un objeto en una base de datos. Este objeto tiene una serie de propiedades que se describen mediante atributos.

Una entidad agrupa a todos los objetos del universo que tienen las mismas características.

- Cuando hablamos de tipo de entidad nos referimos a la estructura genérica. Ejemplo: (alumno, frutas...).
- Ocurrencia de entidad. Es cada una de las realizaciones concretas de ese tipo de entidad. Ejemplo: (nombre, melocotón...).

El tipo de entidad describe las características de ese objeto como resultado de una operación de abstracción.

Nos podemos encontrar con entidades débiles y fuertes (o regulares).

Entidades débiles: cuando eliminamos una ocurrencia del tipo de entidad regular, desaparecen con ella todas las ocurrencias del tipo de entidad débil que de ella dependían. No tienen atributos claves propios.

Entidad fuerte: no depende de la entidad débil para existir. Tienen atributos claves.

Ejemplo: contrato y empleado. Contrato es la entidad débil de empleado.

Para representar gráficamente un tipo de entidad se dibuja un rectángulo etiquetado con el nombre de tipo de entidad.

Interrelación. Se define como la asociación o correspondencia de entidades. Representa una asociación o relación entre entidades del universo del discurso.

Cuando hablamos de tipo de interrelación nos referimos a la estructura genérica de la interrelación entre entidades.

Una ocurrencia de interrelación es la asociación concreta de ocurrencias de entidad de los tipos de entidad que intervienen en la interrelación.

Debemos distinguir entre la estructura genérica de la interrelación (**tipo**) y la asociación concreta de ocurrencias de entidad (**ocurrencia de interrelación**).

Ejemplo: una ocurrencia de la interrelación <u>*Escribe*</u> sería:

Javier Sierra <u>escribe</u> *"El fuego invisible".*

Características de una interrelación:

Nombre. Identifica la interrelación.

Grado. Es el número de entidades que participan en ella.

Tipo de correspondencia. Es el número máximo de ocurrencias de un tipo de entidad que pueden intervenir por cada ocurrencia del otro tipo de entidad asociado en la interrelación.

Para una interrelación de grado 2 entre las entidades A y B existen 3 tipos de correspondencias:

<u>Correspondencia 1:1</u>

Un registro de una entidad A se relaciona con solo un registro de una entidad B, y viceversa.

Ejemplo. Un profesor solo puede ser jefe de un departamento y un departamento solo puede tener un jefe.

<u>Correspondencia 1:N</u>

Un registro de una entidad en A se relaciona con ninguno o varios registros de una entidad B. Pero los registros de B solamente se relacionan con un solo registro de la entidad A.

Ejemplo. Un vendedor puede tener muchas ventas, pero una venta solo puede tener un vendedor.

<u>Correspondencia N:M</u>

Un registro de la entidad A se asocia con un número indefinido de registros de la entidad B y viceversa.

Ejemplo. Un ciudadano puede pertenecer a una asociación pero cada ciudadano puede pertenecer a muchas asociaciones distintas.

Para representar el tipo de correspondencia se usa una etiqueta al lado del rombo y una flecha hacia el lado N o M.

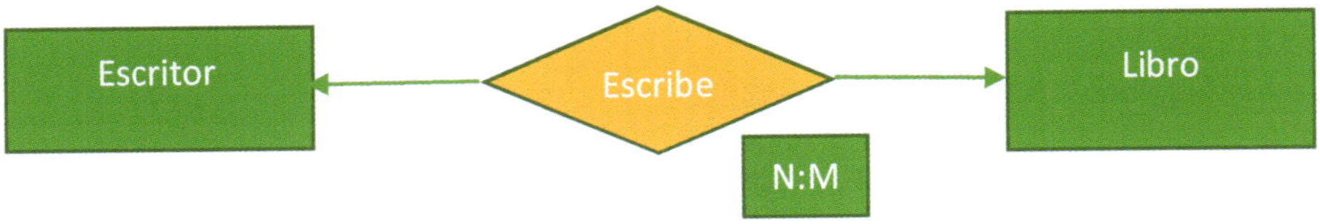

Entre dos entidades puede haber más de una interrelación:

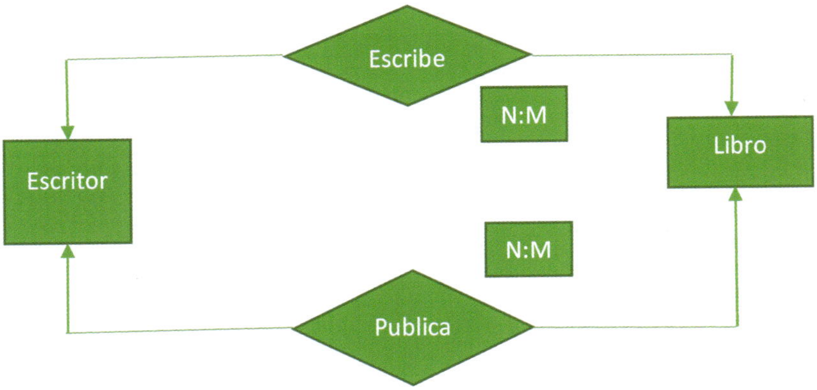

Atributos. Son cada una de las propiedades que describen la entidad. Es común a todas las ocurrencias del tipo de entidad o interrelación. Estos atributos pueden ser de distintos tipos (numéricos, texto, fecha...).

En el caso del tipo de entidad *Escritor* los atributos serían: nombre, nacionalidad, fecha de nacimiento...

En el caso del tipo de interrelación *Escribe* serían: la fecha de terminación, lugar...

Tipos de atributo:

Atributo descriptor. Son aquellos que caracterizan una ocurrencia pero no la distinguen del resto de las ocurrencias.

Atributo identificador. Son aquellos que distinguen de forma unívoca una ocurrencia de un tipo de entidad del resto de las ocurrencias.

El atributo identificador puede estar formado por un solo atributo o por varios. Pueden existir varios atributos identificadores, y a cada uno de ellos se les denomina atributo identificador candidato (AIC).

Atributo Identificador Candidato (AIC): en función del papel o rol que juegan en la relación se denominan de dos formas:

Atributo Identificador Principal (AIP): es el atributo identificador elegido para representar el tipo de entidad.

Atributo Identificador Alternativo (AIA): son el resto de atributos identificadores del tipo de entidad.

Dominio. Un dominio describe un conjunto de posibles valores para cierto atributo. Tiene un nombre y una existencia propia con independencia de la entidad y/o atributo.

Ejemplo de dominio del atributo nacionalidades serían: española, francesa, alemana...

Otro ejemplo de dominio de estado civil podría ser: soltero, casado...

Para representarlo usamos un círculo u óvalo y en su interior se escribe su nombre. El atributo se escribe sobre el arco que une el tipo de entidad o interrelación.

* Si el nombre del atributo coincide con el del dominio, se puede representar con un círculo con el nombre del atributo al lado del círculo.

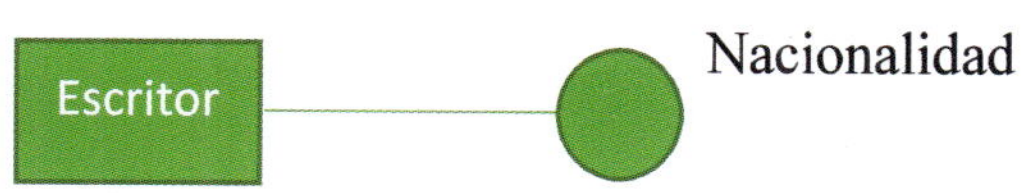

Representación de atributo principal identificativo: Código libro

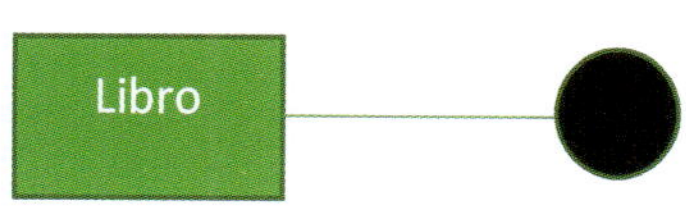

Representación de atributo Identificador Alternativo:

De forma gráfica, esta podría ser la representación del préstamo de un libro a un usuario de la biblioteca:

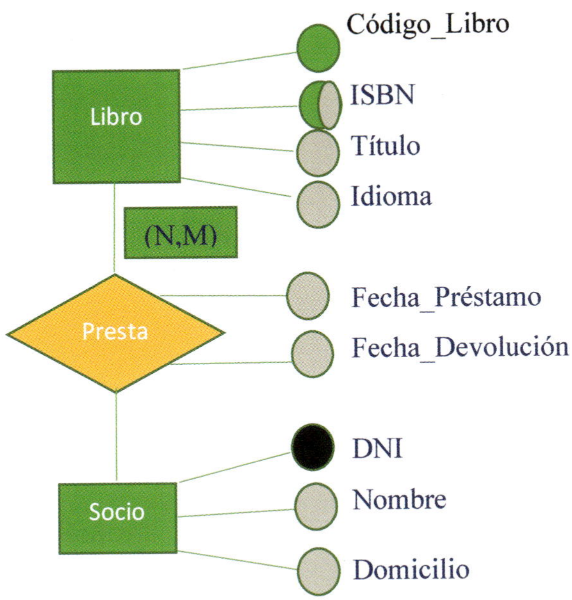

Hay que indicar que el modelo de entidad relación es pobre en relaciones semánticas.

Por un lado existen restricciones inherentes al modelo de Entidad/relación:

- La obligatoriedad de tener un Atributo Identificador Principal.
- Solo están permitidas las Interrelaciones entre entidades.

Por otro lado están las relaciones semánticas:

- La principal es el tipo de correspondencia.

Cardinalidades de un tipo de entidad. Se definen cardinalidades máxima y mínima de los tipos de entidad que participan en una interrelación como el número máximo y mínimo de ocurrencias de un tipo de entidad que pueden estar interrelacionados con una ocurrencia del otro u otros tipos de entidad que participan en el tipo de interrelación.

Para representar estas cardinalidades se representa mediante una etiqueta del tipo (0,1) (1,1) (0,n) (1,n) según sea el caso, y se pone en el arco que une el tipo de entidad con el rombo que representa la interrelación.

Ejemplos de cardinalidades:

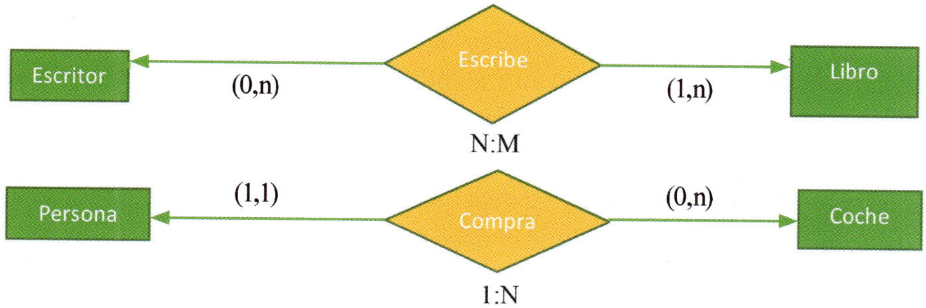

En el caso de la etiqueta (1,n) en LIBRO, una ocurrencia de escritor puede estar vinculada con 1,2 o N ocurrencias de la entidad LIBRO, en el tipo de interrelación ESCRIBE.

En el caso de la etiqueta (0,n) en ESCRITOR una ocurrencia de LIBRO puede estar vinculada con 0, 1, 2 o N ocurrencias de ESCRITOR.

* Un escritor puede escribir como mínimo un libro y un máximo de N libros. Del mismo modo, un libro puede no haber sido escrito por un escritor (anónimo) o haber sido escrito por varios escritores (N).

En el caso de la etiqueta (0,n) en COCHE una ocurrencia de PERSONA puede estar vinculada con 0,1,2 o N ocurrencias de COCHE en la interrelación COMPRA.

En el caso de la etiqueta (1,1) en PERSONA una ocurrencia de COCHE puede estar vinculada con una y solo una ocurrencia de PERSONA.

Una persona puede comprar uno o varios coches. Cada uno de los coches es comprado por una única persona.

Dependencia en existencia

Como ya se señaló anteriormente al definir entidades fuertes y débiles, esta dependencia se produce cuando las ocurrencias del tipo de entidad débil no pueden existir sin la ocurrencia del tipo de entidad regular de la que dependen.

En el caso de que desaparezca la ocurrencia del tipo de entidad regular, han de desaparecer las ocurrencias del tipo de entidad débil que dependían en existencia de ella.

Los tipos de interrelaciones se dividen en:

- Regulares: si asocian tipos de entidad regulares.

- Débiles: si asocian un tipo de entidad regular con un tipo de entidad débil o entre dos tipos de entidades débiles.

* En un tipo de interrelación débil todas las cardinalidades del tipo de entidad regular han de ser (1,1). El motivo es que todas las ocurrencias de la entidad débil tienen que tener asociada una ocurrencia de la entidad regular. En el momento de que alguna ocurrencia de la entidad débil no tenga asociada una ocurrencia de la entidad regular no puede existir tal dependencia, y eso no corresponde con el supuesto inicial establecido de que la entidad débil depende de la entidad regular.

Para representar gráficamente esta dependencia se añade la <u>etiqueta **E**</u> al rombo que representa la interrelación débil.

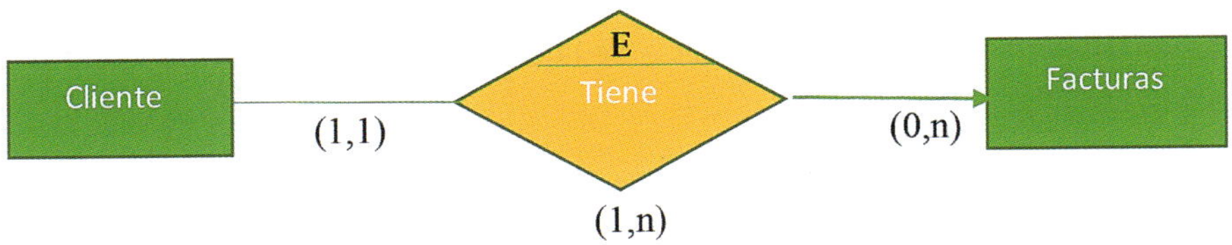

Dependencia en identificación

Se produce cuando además de la dependencia en existencia, las ocurrencias del tipo de entidad débil no se pueden identificar solo mediante sus atributos, sino que además se tiene que añadir el atributo identificador principal del tipo de entidad regular de la que dependen.

Al contrario que en la dependencia en existencia, en la entidad débil no hay un atributo identificador principal que permita diferencia las ocurrencias unas entre otras. Por ello es necesario usar uno de los atributos de la entidad débil junto con el atributo identificador principal de la entidad regular de la que depende la entidad débil.

Para representar gráficamente la dependencia en identificación se añade la etiqueta ID al rombo que representa la interrelación débil.

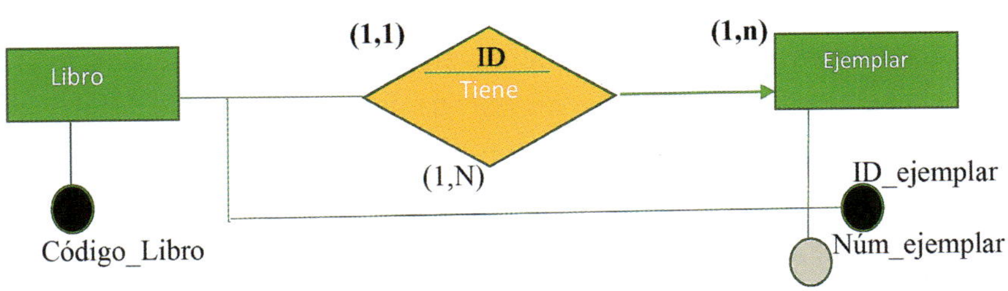

* En este ejemplo el atributo Identificador Principal es de la entidad Ejemplar es Código de Libro y Núm_ejemplar.

* Para concluir, hay que señalar que la dependencia de existencia no implica una dependencia en identificación, mientras que la dependencia en identificación si implica una dependencia en existencia.

Cuando haya una relación con un tipo de correspondencia N:M nunca habrá entidades débiles.

<u>Atributos multivaluados.</u> Son aquellos atributos que para una misma ocurrencia de la entidad pueden tomar más de un valor.

Ejemplo: si cada cliente puede tener más de un teléfono y nos interesa guardar todos sus valores, el atributo teléfono sería multivaluado.

<u>Atributos compuestos.</u> Los atributos compuestos se pueden dividir en componente más pequeños, que representan atributos más básicos con su propio significado independiente.

Ejemplo: el atributo dirección de la entidad empleado se puede dividir en: calle, número, piso, puerta, ciudad...

El atributo nombre engloba el nombre de la persona y sus apellidos.

Representación gráfica de atributos multivaluados y compuestos:

Atributo Multivaluado

Atributo compuesto

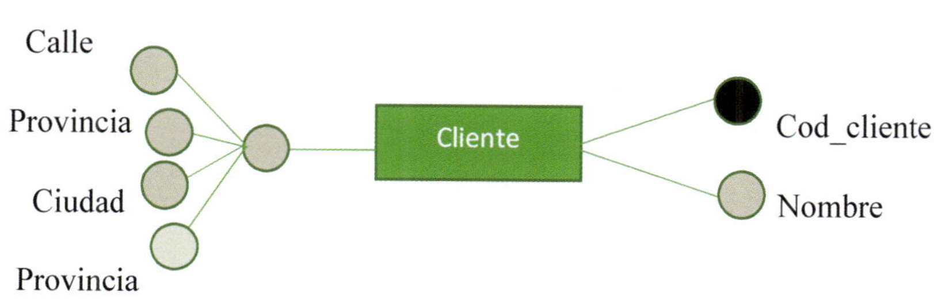

Existen también los llamados atributos derivados, aquellos cuyo valor puede derivarse de los valores de otros atributos o entidades relacionados.

Como ejemplo, el atributo EDAD de una persona puede derivarse a partir del atributo FECHA DE NACIMIENTO y de la fecha actual.

Para representarse en la figura del atributo derivado se añade la letra D y un número, que indica la secuencia de atributos derivados. D1, D2...

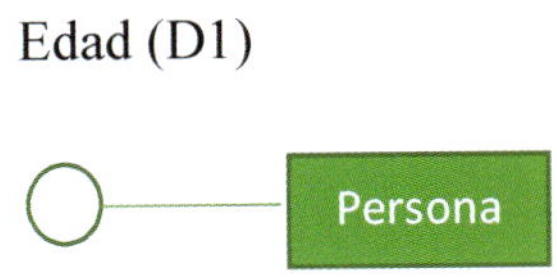

Generalización y herencia

La generalización es el tipo de interrelación que existe entre un tipo de entidad y los tipos de entidad más específicos que dependen de él. Esta descomposición del tipo de entidad provoca que se cree una jerarquía de tipos de entidad donde se distinguen un supertipo, del cual dependen varios subtipos.

La generalización es una operación de abstracción que consiste en identificar una serie de características comunes a varios objetos que, además, se diferencian entre sí por otras características específicas. Los objetos se dividen en categorías y subcategorías, siguiendo la norma de que en la categoría principal se detallan las características comunes y en las subcategorías las características específicas.

A las generalizaciones también se les puede llamar jerarquías.

Para representar gráficamente la generalización y herencia usamos un triángulo invertido con la base paralela al rectángulo que representa el supertipo y conectado a este y a los subtipos.

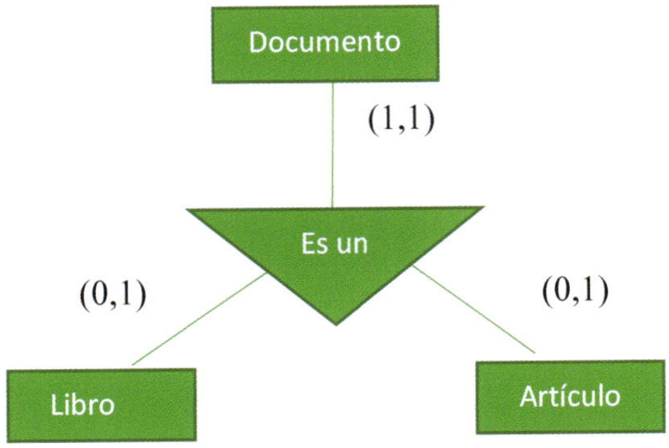

En este caso el tipo de entidad DOCUMENTO es el supertipo de la jerarquía y constituye la generalización de los subtipos de entidades LIBRO y ARTÍCULO. Estos dos últimos son una especialización del supertipo DOCUMENTO.

Las cardinalidades siempre serán (1,1) en el supertipo y (0,1) en los subtipos.

Una de las características más importantes de las jerarquías es la herencia. De esta manera, los atributos de un supertipo son heredados por los subtipos.

En el ejemplo mostrado anteriormente Libro y Artículo poseen todos los atributos específicos de cada subtipo.

En una generalización los atributos comunes a los subtipos se asignan al supertipo, mientras que los atributos específicos se asocian al subtipo correspondiente.

Las interrelaciones que afectan a todos los subtipos se asocian al supertipo, y se dejan para los subtipos las interrelaciones específicas en la que participa solo el subtipo correspondiente.

El Atributo Identificador Principal (AIP) se sitúa en el supertipo. No puede haber otro AIP en los subtipos porque estos ya heredan el AIP del supertipo. Esta regla no impide que los subtipos puedan tener Atributos Identificadores Alternativos (AIA).

Generalización total y parcial

Puede ser que no haya ocurrencias en el supertipo que no pertenezcan a ningún subtipo, y entonces la generalización es total. En caso contrario, será parcial.

Las jerarquías se pueden clasificar en función de la localización de las ocurrencias. Estas pueden ser:

- Total
- Parcial
- Exclusiva
- Solapada

Generalización total y parcial

Si hay ocurrencias que pertenezcan a más de uno de los subtipos, hablamos de una generalización solapada. En caso contrario la generalización será exclusiva.

Representación gráfica de las jerarquías:

- Jerarquía solapada y parcial.

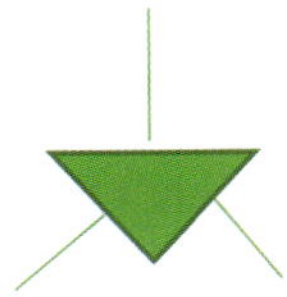

- Jerarquía solapada y total.

* Para representar una jerarquía total usamos un círculo por encima del triángulo. Si la jerarquía es parcial, no se dibuja.

- Jerarquía exclusiva y parcial.

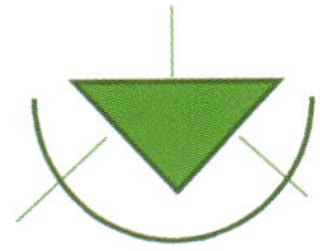

- Jerarquía exclusiva y total.

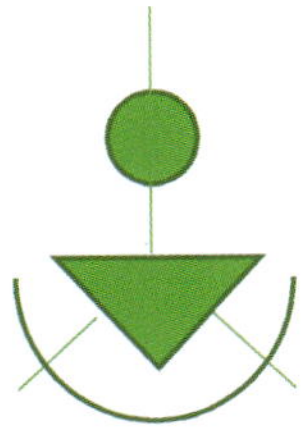

* Para representar una jerarquía exclusiva empleamos un arco por debajo del triángulo. Si la jerarquía es solapada, no se dibuja.

EJERCICIOS

Pregunta 1

Dado el siguiente esquema de entidad/relación señalar cuál de las siguientes afirmaciones es cierta:

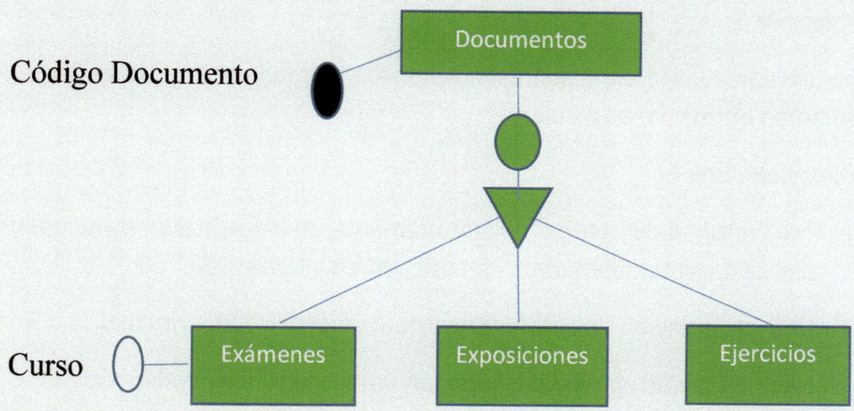

Seleccione una:

a. Cada documento tiene asociado el curso al que pertenece.

b. No existen otros documentos distintos de exámenes, exposiciones o ejercicios.

c. La jerarquía es total. No puede haber ejercicios que sean también exámenes.

d. El atributo CódigoDocumento no es heredado por los tres subtipos de documentos.

Pregunta 2

En relación con los atributos opcionales en el Modelo E/R, ¿cuál de las siguientes afirmaciones es cierta?:

Seleccione una:

a. Un atributo opcional admite valores nulos.

b. Un atributo opcional debe tomar al menos un valor para cada ocurrencia de entidad o interrelación a la que pertenece.
c. Una entidad debe tener obligatoriamente un atributo opcional.
d. Un atributo opcional nunca puede ser atributo de interrelación.

Pregunta 3

En relación a los Identificadores Alternativos y Principales. ¿Cuál de las siguientes afirmaciones es cierta?:

Seleccione una:

a. Toda entidad debe tener obligatoriamente un identificador principal y puede tener también otros identificadores alternativos.
b. Una interrelación debe tener un atributo identificador principal.
c. En una entidad solo puede haber un único identificador alternativo.
d. Toda entidad debe tener obligatoriamente un identificador principal y un alternativo.

Pregunta 4

Dado el siguiente modelo:

Seleccione las opciones que considere correctas:

a. Puede pasar que una vivienda no tenga propietario.
b. La entidad persona es una entidad débil.
c. Existe una correspondencia N:M
d. Una persona puede tener varias viviendas, pero una vivienda solo puede pertenecer a una persona.

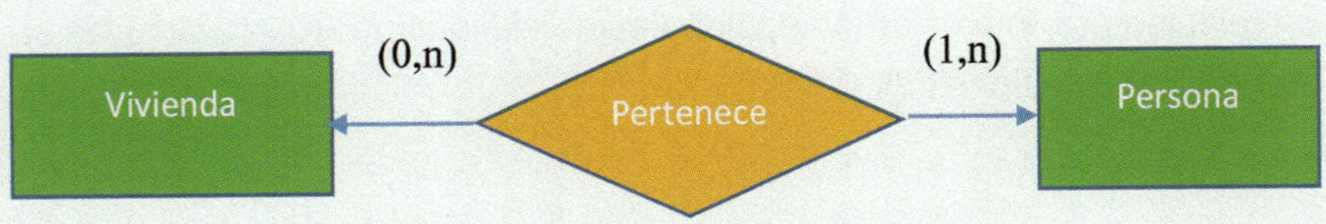

Pregunta 5

Dado la siguiente jerarquía en el modelo ER. ¿Cuál de las siguientes afirmaciones es cierta?

Seleccione una:

a. Un estudiante no puede ser profesor.

b. Un profesor puede ser estudiante.

c. Todas las personas son estudiantes o profesores.

d. No es posible identificar a los profesores por el DNI.

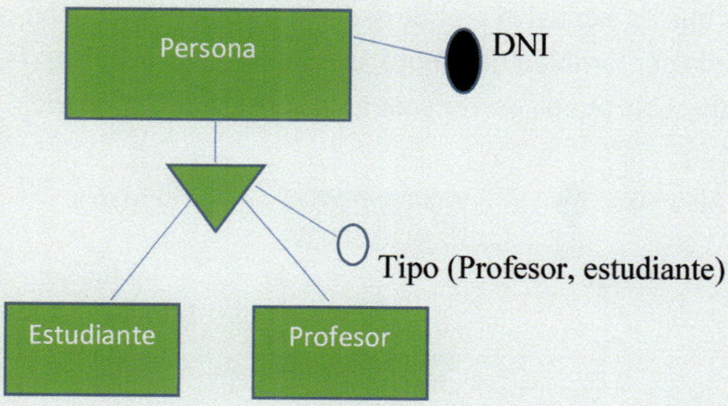

EJEMPLO DE GENERALIZACIÓN Y HERENCIA

En la siguiente figura se establece una jerarquía del concepto de automóvil. Todos los automóviles tienen que tener obligatoriamente una matrícula, una marca, un precio y un modelo. Entonces nos encontramos con que tenemos: coches (con un número de puertas y una cilindrada determinadas), autobuses (número de asientos), camiones (con su carga y su tara) y motocicletas (cilindrada).

Esta jerarquía es total y exclusiva. Decimos que es total porque cada automóvil es un coche, un autobús, un camión o una moto. No puede haber automóviles que no pertenezcan a alguna de estas categorías.

Y decimos que es exclusiva porque si decimos que es un coche, se descarta que pueda ser también una moto, un camión o un autobús. Por lo tanto un automóvil solo puede pertenecer a un subtipo determinado.

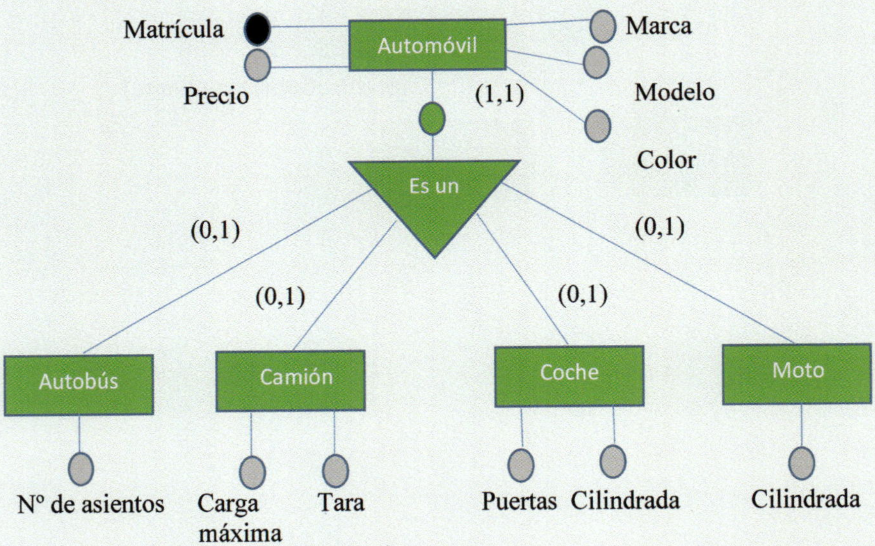

A partir del siguiente enunciado diseñar el modelo de entidad-relación:

Se desea diseñar una base de datos para guardar y gestionar la información empleada por una empresa que se dedica a la venta de automóviles y se tiene en cuenta lo siguiente:

Es necesario conocer la matrícula, la marca, el modelo y el color de todos los coches disponibles a la venta.

Los datos que se quieren almacenar en la ficha del cliente son: NIF, nombre, dirección y teléfono.

Un cliente puede comprar tantos coches como desee y un coche solo puede pertenecer a un cliente.

El concesionario de coches también se encarga de llevar a cabo las revisiones. De cada revisión que se lleva a cabo se desea conocer si se ha hecho el cambio de filtro, el cambio de aceite, el cambio de frenos u otro arreglo. El código de cada revisión viene ordenado por el cambio de filtro.

Un mismo automóvil puede pasar una o varias revisiones, y en una revisión solo se puede revisar un automóvil.

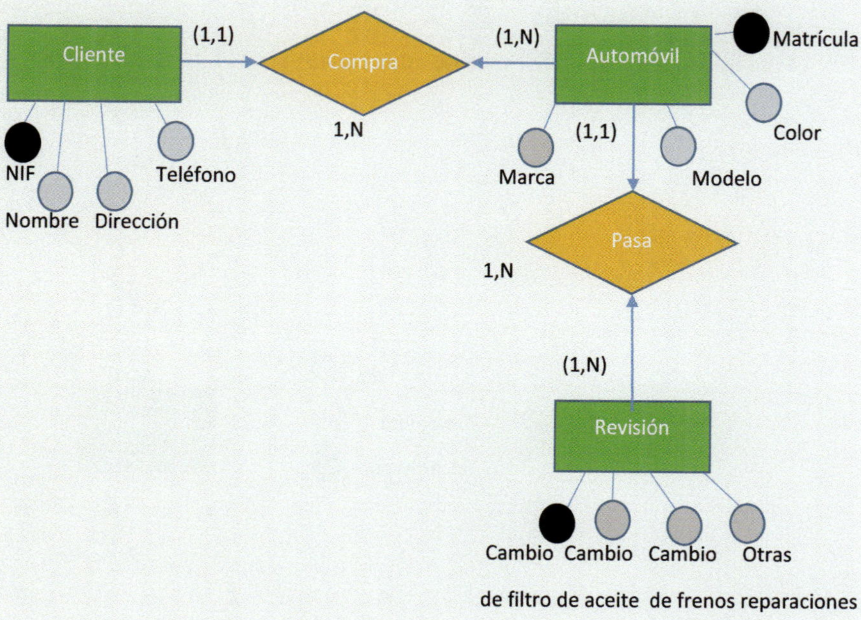

Dado el siguiente enunciado, diseñar el modelo de entidad relación:

Una empresa vende productos a sus clientes. Se quieren guardar los datos personales de los clientes (nombre, apellidos, DNI y dirección). Todos los productos deben tener asociado un nombre, un precio y un código. Un cliente puede comprar varios productos a la empresa y un producto puede ser comprado por varios clientes distintos.

Los productos son suministrados por diferentes proveedores. Un producto solo puede ser suministrado por un proveedor, pero un proveedor puede suministrar productos diferentes.

Se quiere conocer el conocer el código asignado, el NIF, el nombre y la dirección de cada proveedor.

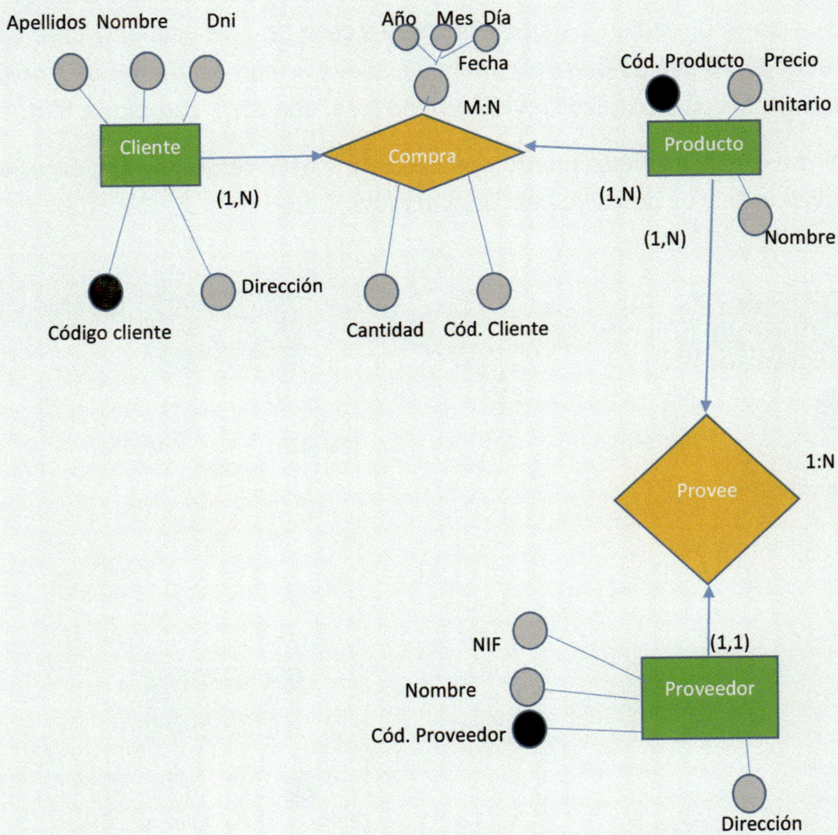

Dado el siguiente enunciado, diseñar el modelo de entidad-relación:

En una universidad privada se quiere gestionar una base de datos que contenga los datos sobre todos sus alumnos, las asignaturas que están estudiando y los cursos en los que están matriculados.

De cada alumno se quiere conocer DNI, nombre, apellidos, dirección y fecha de nacimiento. De cada asignatura se deben conocer los siguientes datos: nombre, código, cuatrimestre y el número de créditos que se le asignan.

De cada uno de los cursos se quiere conocer el nombre, el código del curso, la licenciatura y el campus donde se imparte.

- Un alumno puede matricularse en varias asignaturas y en cada asignatura se pueden matricular varios alumnos.
- Un curso tiene varias asignaturas y cada asignatura pertenece a un único curso.
- Un alumno puede matricularse en varias asignaturas o en ninguna y en cada asignatura se tiene que matricular al menos un alumno.
- Un curso tiene al menos una asignatura y cada una de esas asignaturas pertenece a un único curso.

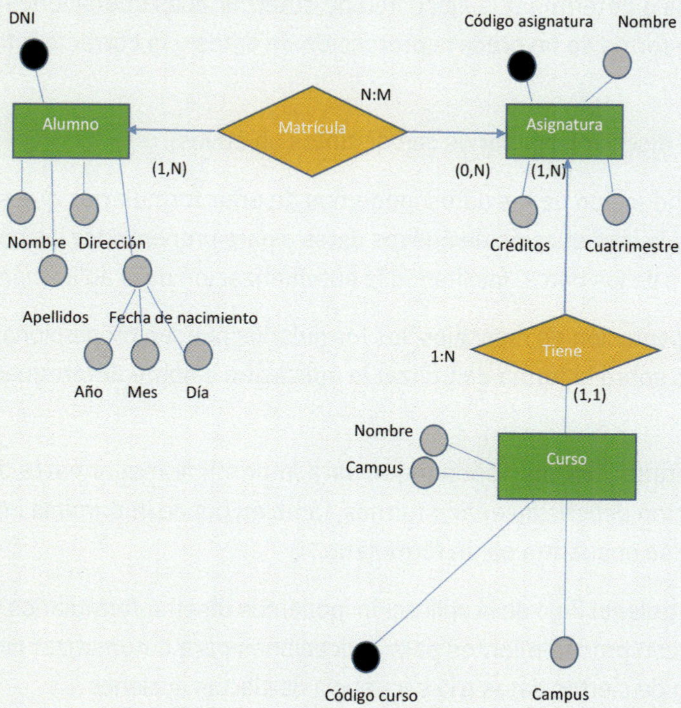

3.2. Mantenimiento de información en aplicaciones de bases de datos: introducción, ordenación, asistentes para formularios de introducción de información y actualización de datos

Es imprescindible aprender previamente la introducción y presentación de los datos de tablas y la elaboración de las consultas.

Un formulario es el principal interfaz entre el usuario y la base de datos. Esta forma de interacción entre el usuario y la base de datos permite presentar, modificar, eliminar e introducir la información de una o más tablas o de una o más consultas. El diseño correcto de un formulario facilita a los usuarios la interacción con el sistema de base de datos. A los formularios se les conoce como las pantallas de entrada de datos. Aunque es posible crear una base de datos sin formularios, la mayoría de los usuarios prefieren usarlos para ver, escribir y editar datos en las tablas.

Los formularios proporcionan un formato fácil de utilizar para trabajar con los datos. Se les pueden agregar botones funcionales, llamados botones de comando. Estos botones se pueden programar para determinar qué datos aparecen en el formulario.

Los formularios permiten controlar la forma en la que los usuarios interactúan con la base de datos. Por ejemplo, se puede restringir la visualización de ciertos campos o determinar la ejecución de determinadas operaciones solamente. De esta forma se favorece la protección de datos y la correcta introducción de estos.

Se pueden diseñar formularios con distintos objetivos:

- Introducción de los datos: podemos diseñar formularios que se utilicen para la introducción de nuevos datos o para proporcionar los posibles valores de los datos, facilitando la automatización de la aplicación.
- Presentación de mensajes: los formularios pueden proporcionar información sobre la forma de utilizar la aplicación o sobre determinadas acciones.
- Imprimir información: aunque para imprimir la mayor parte de la información debería diseñar informes, también puede imprimir la información que se encuentra en un formulario.
- Controlar el flujo de la aplicación: podemos diseñar formularios que trabajen con procedimientos para aplicaciones para automatizar la presentación de ciertos datos o la secuencia de ciertas acciones.

Casi toda la información de un formulario proviene de las tablas y consultas.

Otra información del formulario está almacenada en el mismo diseño, como puede ser el texto descriptivo del formulario.

El vínculo que se establece entre un formulario y el origen de los registros que muestra se crea usando objetos gráficos denominados controles. El tipo de más común de control que se usa para introducir datos es un cuadro de texto, que es el elemento que enlaza directamente los campos de las tablas o consultas.

Los formularios de entrada de datos son la forma más fácil y rápida de escribir datos. Normalmente se crean los formularios cuando es necesario escribir en más de una tabla a la vez.

La forma en la que se introducen los datos en un formulario depende de su diseño. Los formularios pueden contener un determinado número de controles, como listas, cuadros de texto, botones y hojas de datos, que son cuadrículas que se parecen a las hojas de cálculo de Excel. Cada uno de los controles de un formulario puede leer los datos o escribirlos en un campo de tabla subyacente. Lo que se hace con un control determinado depende del tipo de datos configurado para el campo de tabla subyacente, las propiedades que se han determinado para ese campo y las propiedades que el diseñador de la base de datos haya establecido para cada control.

A su vez, los formularios se utilizan para actualizar cierta cantidad de datos. Proporcionan un método sencillo y rápido para modificarlos.

Las tablas almacenan la información y los formularios se encargan de recogerla. Deben estar cerradas para que las tablas puedan incluir todos los datos de los formularios. Al cerrar o guardar un formulario, estas tablas se actualizan.

Para crear un formulario existen dos posibilidades:

- Creación de formularios en vista diseño: de esta manera se puede crear un formulario de forma personalizada.
- Usar el asistente para crear el formulario: se crea automáticamente un formulario con los campos seleccionados por el usuario. Un asistente nos permite la creación de formularios con formatos muy distintos.

Los formularios son la parte más atractiva de una base de datos, ya que crean un entorno visual que permite introducir todo tipo de archivos, desde imágenes, sonidos, vídeos, macros, módulos... y una larga lista de controles que hacen que la base de datos deje de tener la fría apariencia de una hoja electrónica.

Basándonos en el modelo del sistema de gestión de base de datos *Microsoft Access*, podemos seguir los pasos del asistente para crear un formulario:

Seleccionamos la ficha Formularios, de la ventana de Base de datos. Una vez en ella, podemos ver en la parte superior tres botones. Cada uno tiene una función:

- Abrir: este botón permite ver la vista Formulario del formulario que hayamos seleccionado. Permite visualizar y actualizar los datos del mismo.
- Diseño: cuando pulsamos este botón se abre una ventana con la vista Diseño, que es donde podemos visualizar y modificar el diseño del formulario.
- Nuevo: con este botón abrimos un cuadro de diálogo donde podemos optar por diseñar un formulario desde el principio o lanzar un asistente para crearlo de forma automática.

El formulario en **vista diseño**, es donde el formulario se crea de forma fácil y rápida en un entorno visual agradable para el usuario.

Para acceder a esta opción de Access, hay que ir hasta el menú vista Diseño de la barra de menús, a través del botón vista Diseño.

La vista diseño nos permite modificar a nuestro gusto la creación de un formulario.

Existen tres zonas que delimitan el formulario una vez que se haya mostrado en la pantalla:

1. Encabezado del formulario: es la zona del encabezado del formulario donde podremos poner lo que se quiera, pueden ser imágenes, texto, botones...
2. Detalle: esta es la zona principal de la vista diseño. Es aquí donde se sitúan físicamente los objetos que compondrán el formulario que vamos a crear, la barra gris con la flecha hacia abajo delimita el tamaño de cada zona.
3. Pie del formulario: como su propio nombre indica es el pie del formulario, y al igual que en las dos zonas anteriores, podemos situar objetos de la misma manera.

Existen cuadros que se pueden activar desde la barra de herramientas. Cada uno de estos cuadros sirve para diferentes tareas. El cuadro de herramientas lo podemos encontrar en la parte inferior izquierda. Se puede activar manualmente pulsando el botón que representa un martillo y una llave inglesa de la barra de herramientas.

El cuadro de herramientas contiene herramientas representadas por botones que nos van a servir para introducir objetos en nuestro formulario, como cuadros de texto, etiquetas, imágenes, sonido... Es el centro de acción principal del diseño del formulario.

El cuadro de propiedades permite personalizar todos los controles que se hayan colocado en el formulario. Se puede activar desde la barra de herramientas, desde el botón propiedades.

En este cuadro están contenidas todas las propiedades que podemos cambiar de los objetos que hayamos introducido en el formulario, como pueden ser el nombre del objeto, el texto de la barra de estado...

Hay tres categorías en función de la clase a la que pertenecen. Cada una de ellas está representada por una pestaña.

- Formato.
- Datos.
- Eventos.

Los formularios en **vista formulario**, nos permite ejecutar el formulario que hemos preparado, con el que podremos introducir nuevos registros, modificarlos, o eliminarlos.

Para acceder a esta opción de Access hay que usar el botón Vista formulario de la barra de herramientas, o pulsando una combinación de letras con el teclado.

Se puede utilizar esta vista para visualizar, cambiar, insertar o borrar datos a través de un formulario, dependiendo de cómo hayamos diseñado el formulario. Muestra cómo queda el formulario que hemos diseñado.

Se pueden imprimir informes, hacer consultas... Es el centro de nuestra base de datos.

Con la tecla tabulador o con los cursores, el usuario puede moverse por la pantalla.

Existen dos modos de visualización de un formulario:

1. La vista Hoja de datos. Es similar a la hoja de datos de una tabla o consultas. Permite ver todos los campos del formulario organizados en una hoja de datos.

2. La vista preliminar. Esta vista es accesible desde la barra de herramientas y nos permite ver como se visualizará el formulario cuando se imprima.

Dependiendo del uso que le queramos dar a un formulario tenemos varios tipos:

Formularios de varias páginas: sirven para visualizar todos los registros, cuando se dispone de una gran cantidad de información.

Formularios continuos: este tipo de formulario suele ser útil en la revisión de una lista de registros cuando cada registro solamente posee unos campos.

Un formulario continuo visualiza los registros uno detrás de otro, como si fuese una hoja de datos.

Subformularios: sirven para mostrar información incrustados en los formularios teniendo el aspecto de una hoja de datos.

Formularios emergentes: algunas veces, resulta útil proporcionar información en una ventana que sea visualizada en la parte superior.

Formularios modales: según vayamos añadiendo funcionalidad a nuestra aplicación nos encontraremos con situaciones en las que necesitamos obtener alguna entrada del usuario o comunicar cierta información relevante al usuario antes de que Access pueda proceder.

Los autoformularios son la forma más rápida de crear un formulario en Access. Al abrir el cuadro de diálogo Nuevo formulario, se pueden ver siete posible elecciones en este apartado. Estos son los siguientes tipos de autoformularios:

Asistentes para autoformularios: elaboran de forma rápida un formulario, seleccionando todas las opciones predeterminadas Lo único que hay que indicar es con qué tabla o consulta queremos que se haga.

- El autoformulario columnas: genera uno de los formularios más comunes que podemos encontrar en Microsoft Access. La información se muestra en forma de columnas. El usuario puede ver los campos de la tabla distribuidos unos encima de otros.
- Autoformulario tablas: la diferencia fundamental que existe entre este tipo de formulario y el de columnas es que en este, los datos están distribuidos de forma tabular, es decir, en el encabezado del formulario están los títulos de los campos y en la zona de detalles se distribuyen los registros uno debajo de otros, como en una hoja de datos.
- Autoformulario en hoja de datos: crea un formulario con la apariencia de una hoja de datos de una consulta o tabla.

Para crear un autoformulario nos permiten realizar de forma rápida un formulario para la tabla o consulta que se desee.

Para crear un autoformulario hay que hacer clic en el botón nuevo en el cuadro de nuevo formulario. Podemos observar como en la parte inferior de la ventana del cuadro, se puede insertar la tabla o consulta a la cual se le aplicará el formulario. Se selecciona el asistente para formularios y se pulsa el botón aceptar.

Lo primero que hay que hacer es seleccionar la tabla deseada mediante el cuadro de tablas/consultas. Al seleccionar la tabla nos salen por defecto todos los campos disponibles que están en el cuadro de lista.

Podemos añadir los campos al cuadro Campos seleccionados, que está a la derecha mediante los botones que están entre estos cuadros.

Cuando queramos pulsamos el botón finalizar para ir directamente al último paso. Si queremos ver la creación del formulario paso a paso pincharemos en el botón Siguiente.

En esta pantalla se ofrecen distintas opciones para el diseño del formulario. Se puede optar para que los controles puedan ser visualizados en: columnas, en un formato tabular, en una vista justificada o crear un formulario en vista Hoja de datos.

En la pantalla siguiente, seleccionamos un estilo para el formulario. En la parte izquierda del cuadro podemos ir probando las elecciones para ver el efecto y decidir cuál es la más adecuada.

Cuando hayamos seleccionado el estilo apropiado, pulsamos en el botón Siguiente para continuar. El asistente nos solicita un nombre para el formulario. Una vez añadido, pulsamos en el botón Finalizar y veremos el resultado final del formulario.

3.3. Búsquedas de información en aplicaciones de bases de datos

Los lenguajes gráficos de consulta son facilidades que acompañan a los sistemas de gestión de base de datos que trabajan sobre entornos o sistemas operativos gráficos, como por ejemplo es el caso de Windows de Microsoft en sus diferentes versiones. Actualmente no se concibe un sistema de gestión de bases de datos sobre un sistema Windows que no disponga de herramientas visuales que permitan diseñar y crear las tablas, consultas, vistas, pantallas e incluso informes sin que sea necesario escribir una sola línea de código. De esta manera, cualquier usuario que se maneje por uno de estos sistemas gráficos es capaz en poco tiempo de crear una pequeña base de datos sin necesidad de tener conocimientos sobre programación. De todas maneras, estos mismos productos son capaces de generar bases de datos de una gran envergadura, aunque pero para ello será necesario tener un nivel de conocimientos mayor.

Independientemente de la base de datos que estemos usando, la habilidad para encontrar información relevante es fundamental. Para ellos debemos seguir estos pasos:

- Definir claramente nuestras necesidades de información: es necesario definir claramente el objetivo de la búsqueda, señalar los aspectos del tema en los que estamos interesado y cuáles no, y establecer aquellos factores que nos ayuden a limitar el alcance de nuestra búsqueda, como el período, el tipo de documentos...
- Localizar las fuentes de información adecuadas: debemos seleccionar la base de datos que mejor se ajuste a nuestro tema.
- Establecer estrategias de búsqueda: debemos decidir si utilizamos búsquedas por sinónimos, relaciones lógicas entre los términos utilizados usando los operadores AND, OR Y NOT, operadores de proximidad y comodines.
- Hacer una evaluación de los resultados.

3.3.1. Filtros

Los filtros nos permiten seleccionar aquellos registros que cumplen una propiedad. Cuando abrimos un formulario nos aparece reflejada en el filtro toda la tabla de la base de datos, pero en determinadas ocasiones queremos seleccionar únicamente ciertos registros y no todos, es decir, queremos tener un formulario de una consulta.

Un filtro cambia los datos que muestra un formulario o informe sin cambiar el aspecto que muestran. Se puede considerar como un criterio o regla que se especifica para cada campo.

Los diferentes tipos de filtros que existen son los siguientes:

- Filtros por selección: si el valor que desea usar como base para un filtro está seleccionado, podrá filtrar la vista rápidamente pinchando con el ratón en uno de los comandos de selección. Los comandos disponibles varían dependiendo del tipo de datos que se ha seleccionado.
- Filtro por formulario: esta técnica es útil cuando se desea filtrar por varios campos en un formulario o en una hoja de datos, o bien, cuando se intenta buscar un registro específico.
- Filtro avanzado: en ocasiones se aplica un filtro no incluido en la lista de filtros comunes. El uso de esta característica requiere que el usuario esté familiarizado con las expresiones. Estas expresiones son similares a las fórmulas que se escriben en Excel y a los criterios que se especifican cuando se diseña una consulta.

3.3.2. Consultas

Para realizar una consulta en una base de datos utilizamos en lenguaje SQL (Structure Query Language). Microsoft SQL Server es un sistema de bases de datos relacional que facilita al usuario la ejecución de sentencias tanto de manipulación como de selección de datos. Es necesario conocer este lenguaje para poder dedicarse al tratamiento de bases de datos.

Es un lenguaje utilizado en las bases de datos para definir, consultar y actualizar la base de datos. El lenguaje SQL, es un lenguaje estructurado de consulta que cuenta con múltiples construcciones cuya finalidad, es manipular datos en algún sentido.

SQL está compuesto por un reducido grupo de sentencias formadas por una o más cláusulas, que van acompañadas de predicados y expresiones. Los nombres de las sentencias, cláusulas y predicados son considerados palabras clave.

Necesitamos saber donde podemos introducir sentencias SQL para poder ejecutarlas y que el servidor efectúe las operaciones que se le indiquen.

Las distintas sentencias de SQL pueden englobarse en tres grupos. Se puede decir que son los componentes de SQL. Estos son DDL (lenguaje de definición de datos), DML (lenguaje de manipulación de datos) y DCL (lenguaje de control de datos). Los tres grupos son partes integrales de SQL y forman parte del lenguaje estándar.

Después se encuentran las extensiones SQL desarrolladas por el fabricante de cada sistema de gestión de bases relacionales, que tienen el propósito de facilitar la incorporación de lógica de negocio en la propia base de datos.

Lenguaje DDL. Algunos usuarios se piensan que el lenguaje SQL se utiliza exclusivamente para efectuar consultas en una base de datos. Hay otra parte del lenguaje SQL que se encarga de definir estructuras de datos. Es lo que se denomina lenguaje de definición de datos o DDL.

Mediante este lenguaje se pueden crear bases de datos, definir tablas, índices, vistas y procedimientos almacenados.

Las diversas operaciones que podemos efectuar mediante el lenguaje DDL son distintas construcciones basadas principalmente en tres órdenes distintas: CREATE, ALTER Y DROP.

Lenguaje DML. Es el subconjunto de SQL más conocido. Está dedicado a la manipulación de los datos. Su finalidad no es actuar sobre las estructuras de la base de datos, sino sobre la información que hay contenida en ellas. Con este lenguaje se puede obtener todo el contenido de una tabla, combinar columnas relacionadas de varias tablas, actualizar datos, añadirlos o eliminarlos.

Las órdenes más importantes de este grupo son: SELECT, INSERT, DELETE Y UPDATE. Cada una de ellas puede tener múltiples cláusulas y variantes.

Lenguaje DCL. Es la parte menos conocida de SQL. Tiene como finalidad controlar el acceso a los datos, facilitando y denegando privilegios sobre los objetos en un sistema de gestión de base de datos relacional, así como establecer la ejecución agrupada de sentencias SQL a través de las transacciones.

Las sentencias más utilizadas de DCL son GRANT, REVOKE, COMMIT Y ROLLBACK. Las dos primeras se usan para conceder o retirar privilegios de acceso a los objetos de lavase de datos y el resto son para confirmar o rechazar las operaciones asociadas a una transacción.

La orden más conocida del lenguaje DML, y en general de SQL, es la orden SELECT. Se utiliza para seleccionar un conjunto de datos determinado, obteniendo una serie de filas y columnas que pueden ser una tabla completa, una parte de una tabla o datos de múltiples tablas relacionadas entre sí.

El caso más simple de selección es aquel en el que recuperamos una tabla completa de datos. La sintaxis es bastante simple, detrás de SELECT disponemos un asterisco y tras la palabra FROM el nombre de la tabla. Podemos limitar las columnas a recuperar sustituyendo el asterisco por los nombres de las columnas que nos interesen, separando unas de otras mediante comas.

3.3.3. Asistentes para consultas y otras aplicaciones

Cuando se escribe una sentencia SQL, especialmente si esta es de tipo DML, siempre se usa una estructura común. Se trata de una sentencia de actualización de datos que ocupa tres líneas físicas, aunque podríamos escribirla completa en una sola línea ya que los espacios en blanco y saltos de línea no tienen ningún significado especial en SQL. Es el punto y coma final el que marca la terminación de la sentencia.

La estructura básica que se utiliza en una consulta SQL es la que está formada por las cláusulas SELECT-FROM-WHERE. La consulta básica en SQL nos permite utilizar hasta seis cláusulas, siendo SELECT y FROM las obligatorias.

La sentencia SELECT nos permite consultar los datos almacenados en una tabla de la base de datos.

El formato de la sentencia SELECT es:

SELECT [**ALL** | **DISTINCT**]

<nombre_campo> [{,<nombre_campo>}]

FROM <nombre_tabla>|<nombre_vista>

[{,<nombre_tabla>|<nombre_vista>}]

[**WHERE** <condición> [{ **AND|OR** <condición>}]]

[**GROUP BY** <nombre_campo> [{,<nombre_campo >}]]

[**HAVING** <condición>[{ AND|OR <condición>}]]

[**ORDER BY** <nombre_campo>|<índice_campo> [**ASC** | **DESC**]

[{,<nombre_campo>|<índice_campo> [**ASC** | **DESC**]}]]

Podemos ir por partes e ir diciendo lo que significa cada una de las partes que conforman la sentencia.

SELECT	Es la palabra clave que indica que la sentencia que queremos ejecutar de SQL es de selección.
ALL	Indica que queremos seleccionar todos los valores. Es el valor por defecto y no se suele especificar.
DISTINCT	Indica que queremos seleccionar solo los valores distintos.
FROM	Indica la tabla o tablas desde la que queremos recuperar los datos. En el caso de que exista más de una tabla se denomina a la consulta "consulta combinada" o "join". En las consultas combinadas es necesario aplicar una condición de combinación a través de una cláusula WHERE.
WHERE	Especifica una condición que debe cumplirse para que los datos sean devueltos por la consulta. Admite los operadores lógicos AND y OR.
GROUP BY	Especifica la agrupación que se da a los datos. Se usa siempre en combinación con funciones agregadas.
HAVING	Especifica una condición que debe cumplirse para los datos. Especifica una condición que debe cumplirse para que los datos sean devueltos por la consulta. Su funcionamiento es similar al de WHERE pero aplicado al conjunto de resultados devueltos por la consulta. Debe aplicarse siempre junto a GROUP BY y la condición debe estar referida a los campos contenidos en ella.
ORDER BY	Presenta el resultado ordenado por las columnas indicadas. El orden puede expresarse con ASC (orden ascendente) y DESC (orden descendente). El valor predeterminado es ASC.

La cláusula WHERE es la instrucción que nos permite filtrar el resultado de la sentencia SELECT. Normalmente no deseamos obtener toda la información existente en la tabla, sino que queremos obtener solo la información que nos resulte útil en ese momento. a cláusula WHERE filtra los datos antes de ser devueltos por la consulta. La cláusula especifica una o varias condiciones que deben cumplirse para que la sentencia SELECT devuelva los datos.

Se pueden utilizar tantas condiciones como se quiera, utilizando los operadores AND y OR. Además, una condición puede ser negada a través del operador lógico NOT.

No solamente se pueden hacer consultas sobre datos almacenados. Para almacenar datos en una base de datos se deben insertar filas en las tablas. SQL facilita la secuencia INSERT para esta función.

EJERCICIOS SOBRE LENGUAJE SQL

Dadas las siguientes tablas responder a las consultas en SQL.

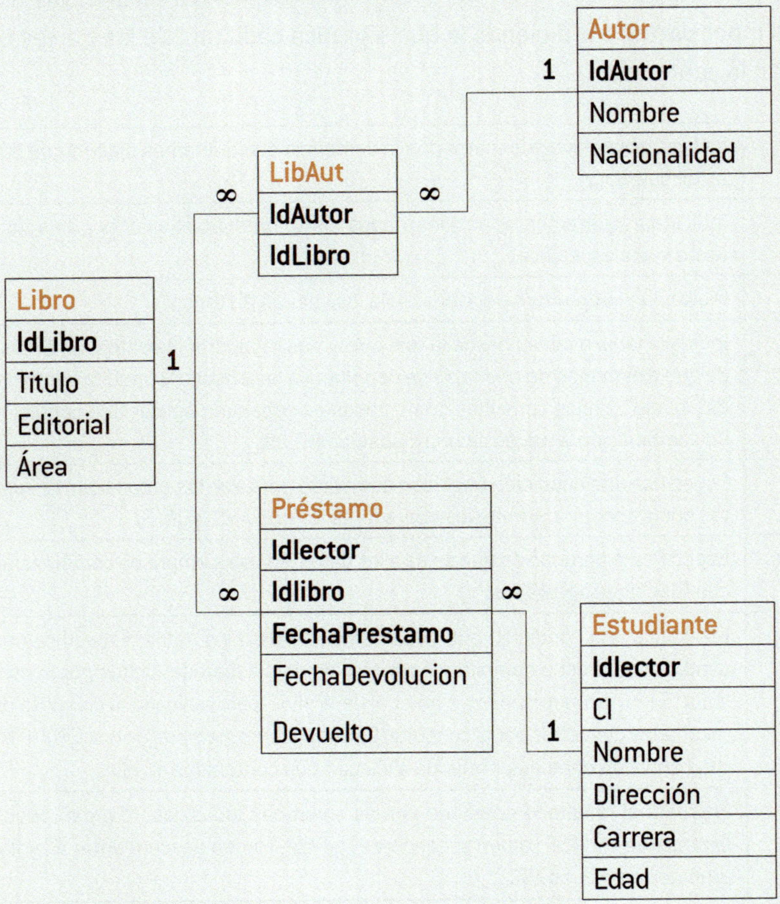

1. Hacer una lista de los autores

select *from estudiante (OK)

2. Hacer una lista por nombre y edad de los estudiantes

select nombre,edad from estudiante (OK)

3. ¿Qué estudiantes pertenecen a la carrera de Derecho?

```
select nombre
from estudiante
where carrera="Derecho"
```

4. Hacer un listado de estudiantes cuyo apellido comience con la letra F?

```
SELECT nombre
FROM estudiante
WHERE nombre LIKE "* F*"
```

Observación: en el primer * se pone el nombre, luego de un espacio en blanco viene F y luego cualquier expresión.

5. ¿Quiénes son los autores del libro "Fundamentos de bases de datos"? Hacer un listado solamente de los nombres.

```
SELECT nombre
FROM autor
WHERE idautor
IN(SELECT idautor
FROM libaut
WHERE idlibro
IN(SELECT idlibro
FROM libro
WHERE titulo='Fundamentos de bases de datos'))
```

6. ¿Qué autores son de nacionalidad Canadá o Alemania?

SELECT *FROM autor WHERE nacionalidad ='Canada' OR nacionalidad ='Alemania' SELECT *FROM autor WHERE nacionalidad IN('Canada','Alemania')

7. ¿Qué libros no son del Area de Economía?

SELECT *FROM libroWHERE area <> 'Economía'

8. ¿Qué libros se han prestado al lector Antonio Sánchez Rueda?

SELECT *FROM libro

WHERE idlibro IN(SELECT idlibro

FROM prestamo

WHERE idlector IN(SELECT idlector

FROM estudiante

WHERE nombre='*Antonio Sánchez Rueda*'

Según la siguiente base de datos relacional:

Tabla empleado

Código_c	Nombre	Edad	Dirección	Oficio	Fecha de alta	Comisión	Salario	Dpto_nº
372-185007- 0004C	Iván Sánchez García	25	Ávila	Encargado	3/04/1982	1000	13000	20
282-265557-0006K	Daniel Fernandez Maestre	25	Sevilla	Encargado	04/04/1983	1000	13000	20
081-140668-0003M	Laura Benavente Pedraza	31	Madrid	Director	01/09/1980	2500	18000	40
282-175463-000Ñ	Andrés Del Pozo García	36	Madrid	Vendedor	08/09/1984	800	12000	30
282-160888-000S	Sara Díaz Rato	24	Madrid	Vendedor	18/02/1982	800	12000	30
282-292445-000Y	Marcos Fontecha Perdraza	51	Segovia	Presidente	01/01/1980	0	20000	50
282-566112-000R	David López Cayero	47	Sevilla	Empleado	26/04/1986		12000	10

Tabla departamento

Dept_no	Nombre_depto	Localización
10	Outsourcing	Sevilla
20	Desarrollo	Ávila
30	Ventas	Madrid
40	Contabilidad	Madrid
50	Dirección	Segovia

1. Mostrar los nombres de empleados ordenados alfabéticamente.

select * from EMPLEADO order by nombre desc

2. Seleccionar el nombre, oficio y localidad de los departamentos donde trabajan los vendedores.

select nombre, oficio, localizacion, from EMPLEADO, DEPARTAMENTO whete oficio ='vendedor' and EMPLEADO.dept_nº=DEPARTAMENTO.dept_nº

3. Mostrar los departamentos en los que haya más de 4 empleados.

select EMPLEADO.dept_nº,count(*) from EMPLEADO, DEPARTAMENTO where EMPLEADO.dept_nº having count(*) > 4

4. Seleccionar el nombre, salario y localidad donde trabajan los empleados que tengan un salario entre 12000 y 13000 euros.

select nombre, salario, localización from EMPLEADO, DEPARTAMENTO where EMPLEADO_dept.nº=DEPARTAMENTO.dept.nº and salario between 10000 and 12000

5. Seleccionar el nombre, el oficio y salario de los empleados que trabajan en Madrid.

select nombre, oficio, salario from EMPLEADO where dir=`Madrid´

select nombre, oficio, salario from EMPLEADO, DEPARTAMENTO where EMPLEADO_dept.nº=DEPARTAMENTO.dept_nº and localización='Fuenlabrada

6. Calcular el salario medio de todos los empleados.

select avg(salario) from EMPLEADO

7. Mostrar el nombre, salario y nombre del departamento de los empleados que tengan el mismo oficio que "Andrés Del Pozo García" y que no tengan comisión.

select nombre, salario, nombre_depto from EMPLEADO, DEPARTAMENTO where EMPLEADO.dept_nº=DEPARTAMENTO.dept_nº and oficio= (select oficio from EMPLEADO where nombre= `Andrés Del Pozo García´) and comisión is null

8. Calcular el salario mínimo de los empleados del departamento Contabilidad.

select min(salario) from EMPLEADO, DEPARTAMENTO where nombre_depto="Contabilidad" and EMPLEADO.dept_no=DEPARTAMENTO.dept_no

9. Hacer un listado con los nombres de los empleados cuyo nombre termine con la letra "a".

select nombre from EMPLEADO where nombre like '%'

10. Mostrar el nombre, salario y nombre del departamento de los empleados que tengan el mismo oficio que `Sara Díaz Rato´.

select nombre, salario, nombre_depto from EMPLEADO, DEPARTAMENTO where EMPLEADO.dept_nº=DEPARTAMENTO.dept_nº and oficio=(select oficio from cliente where nombre==`Sara Díaz Rato´)

11. Mostrar los datos de los empleados que trabajan en el departamento de Outsourcing, ordenador por nombre.

select * from EMPLEADO, DEPARTAMENTO where EMPLEADO.dept_nº=DEPARTAMENTO.dept.nº and nombre_depto = ´Outsourcing` order by nombre

12. Calcular el salario más alto de los empleados del departamento 20.

select max(salario) from EMPLEADO where dpto._nº = 20

13. Calcular el promedio del salario de los empleados del departamento de Ventas.

select avg(salario) from EMPLEADO, DEPARTAMENTO where EMPLEADO.dept_no=DEPARTAMENTO.dept_no and nombre_depto=`Ventas´

```
select nombre from EMPLEADO, DEPARTAMENTO where Cliente.depto_
no=Departamento.depto_no and localización =`Sevilla´ and oficio in
(`encargado´,`vendedor´)
```

14. Calcular los empleados que no tienen comisión.

```
select count(*) from EMPLEADO where comision is null
```

15. Calcular cuántos empleados hay en el departamento de Outsourcing.

```
select count(*) from EMPLEADO, DEPARTAMENTO where nombre_
depto=`OUTSOURCING´.
```

16. Calcular cuántos empleados hay en el departamento número 30.

```
select count(*) from EMPLEADO where depot_no = 30
```

3.4. Presentación de información en aplicaciones de bases de datos

Hoy en día las empresas manejan un gran volumen de datos. Tienen la obligación de almacenarlos para poder gestionarlos en una aplicación profesional. De lo contrario, los gastos en tiempo y dinero serían muy elevados.

Es fundamental el desarrollo de una aplicación que gestione de forma eficiente los datos. El diseño es lo más importante. Por ejemplo, debemos elegir con cuidado que tipo de tablas vamos a utilizar, porque de lo contrario podemos obtener consultas de información sin obtener los resultados deseados.

No es tan importante el número de registro de la base de datos como la eficiencia de su diseño.

Algunas recomendaciones básicas para realizar el diseño de bases de datos son:

- La velocidad de acceso.
- El tamaño de la información.
- El tipo de información que contiene.

- Facilidad de acceso a la información.
- Facilidad para extraer la información que se requiere.
- El comportamiento de la persona que maneje la base de datos.

3.4.1. Informes

Los informes sirven para resumir y presentar los datos de las tablas. Normalmente, un informe responde a una pregunta específica. Cada informe se puede diseñar para presentar la información de la mejor manera posible.

Un informe se puede ejecutar en cualquier momento y siempre reflejará los datos actualizados de la base de datos. Los informes suelen tener un formato que permita imprimirlos, pero también se pueden consultar en la pantalla, exportar a otro programa o enviar por correo electrónico.

Los informes constituyen la mejor manera de crear una copia impresa de la información que se ha extraído o calculado a partir de los datos de la base de datos. Los informes poseen dos ventajas principales sobre otros métodos de impresión de datos:

- Pueden comparar, resumir y calcular subtotales a partir de grandes cantidades de datos.
- Pueden ser creados para generar facturas, pedidos de compra, etiquetas postales, elementos de presentación y otros tipos de documentos.

Los informes se diseñan para agrupar datos, presentar cada grupo de manera independiente y efectuar cálculos. Funcionan de la siguiente manera:

- Podemos definir hasta un máximo de diez criterios de agrupación para independizar los diferentes niveles de detalle.
- Podemos definir encabezados y pies independientes para cada grupo.
- Podemos efectuar cálculos complejos, no solo dentro de un grupo o de un conjunto de filas, sino también a través de los grupos.
- Además de los encabezados y pies de página, podemos definir un encabezado y un pie para todo el informe.

Al igual que en los formularios, podemos incluir imágenes y gráficos en cualquier sección de un informe. También podemos incluir subinformes o subformularios dentro de las secciones de un informe.

3.4.2. Asistentes para informes

Tomando como ejemplo el asistente para informes de Access vamos a seguir los pasos para crear un informe con este sistema de gestión de base de datos.

Vamos a construir un informe basado en una tabla llamada música.

Hacemos clic en el botón Nuevo de la ficha Informes de la ventana de Base de datos.

Del cuadro Nuevo Informe, seleccionamos la opción Asistente para Informes. También seleccionamos el cuadro de lista de la parte inferior la tabla música.

A parte de la Vista diseño, los Autoinformes y el Asistente para Informes, existen otras opciones:

- El asistente para gráficos, que sirve para insertar gráficos creados a partir de los datos de la base de datos mediante la herramienta Microsoft Graph.
- La otra opción es el Asistente para etiquetas, que nos permitirá seleccionar campos que contienen nombre y direcciones, aplicando un formato para la impresión de etiquetas postales.

Se puede así seleccionar uno de los numerosos tipos de etiquetas conocidos.

Una vez que está seleccionado el tipo de Asistente a utilizar, pulsamos el botón Finalizar. La primera ventana del asistente nos permite seleccionar los campos que queremos incluir en nuestro informe.

Añadimos los campos de la forma habitual, mediante los botones rotulados con flechas. Así, agregamos todos los campos y pulsamos el botón Siguiente para continuar.

Una vez presentados los datos agrupados por algún campo en concreto, ahora vamos a definir las categorías directamente, para seleccionar un campo por el que ordenar, lo seleccionamos directamente de la lista de campos de la izquierda.

Creamos una categoría con el campo Formato, agrupando los datos dependiendo del formato que tenga.

Para ello, lo seleccionamos de la lista y pulsamos el botón de flecha derecha para crear la categoría, al igual que podemos crear subcategorías si seguimos añadiendo campos. Con las flechas de prioridad, podemos decidir los niveles de agrupamiento si es que hemos creado más de uno.

Una vez hemos definido los niveles de agrupamiento deseados, pulsamos el botón Siguiente para continuar.

En esta ventana se puede definir el orden en que aparecerán los registros en la zona detalle. Se pueden ordenar los registros hasta por cuatro campos, de esta manera seleccionamos los campos Titulo, nacionalidad... Después, pinchamos en Siguiente.

A continuación, decidiremos qué tipo de estilo, diseño y orientación de página deseamos para nuestro nuevo informe. Cuando seleccionamos una opción de diseño el asistente nos muestra una vista preliminar en la parte izquierda de la ventana.

Después de esto, pulsamos el botón Siguiente. En esta pantalla, podemos seleccionar uno de los varios estilos de informes incorporados por Access. Una vez seleccionado uno de ellos, pinchamos en el botón Siguiente.

Por último, el asistente nos permite un título para el informe. Una vez terminado, podemos ver el resultado del trabajo en la vista Preliminar.

3.5. Interrelaciones con otras aplicaciones

Además de todas las facilidades suministradas por los lenguajes, los distintos SGBD proporcionan otros medios suplementarios para simplificar al administrador las tareas de mantenimiento y salvaguarda de la base. También puede ayudar a los distintos usuarios a obtener el máximo provecho de los datos.

Todo este conjunto de utilidades vendrán representadas por una serie de facilidades y herramientas. Ofrecen operaciones como:

Utilidades del SGBD. El conjunto de programas y procedimientos para hacer copias de seguridad, menús para arrancar la base de datos cuando hay una caída, asignar ficheros... Otra herramienta es la que permite la carga y descarga de datos que están guardados en ficheros externos.

Herramientas de ayuda al desarrollo. Son las llamadas herramientas CASE, *Computer Aided Software Engineering*. Se utilizan en el desarrollo de un proyecto, análisis, diseño, construcción, pruebas y mantenimiento.

Tiene como base un diccionario llamado repositorio donde se almacenan los datos que se generan durante el ciclo de vida del proyecto: esquemas, grafos, matrices, información relativa a la gestión de proyectos...

Generadores de informes o pantallas. Son herramientas que producen informes o pantallas de la manera en la que se solicita.

Generadores de aplicaciones. Son paquetes que permiten a los usuarios generar aplicaciones sin tener que programar lenguajes convencionales de tercera generación.

Estas herramientas obtienen los datos junto con sus descripciones de la Base de datos para generar las aplicaciones.

El lenguaje utilizado se llama de cuarta generación (4GL), el cual permite el acceso a la base de datos mediante sentencias en él escritas en un lenguaje de datos.

Facilidades de usuario. Herramientas que presentan al usuario un interfaz amistoso, el cual les facilita la consulta de los datos.

Exportación/Importación de información. Son utilidades que se usan cuando se desea exportar o importar datos junto con sus descriptores a otros sistemas de gestión de bases de datos. Esto ocurre porque se migra una aplicación a un entorno diferente, o porque hay una necesidad de actualizar el SGBD a una nueva versión.

Precompiladores de lenguajes. Los usuarios requieren de medios potentes y flexibles para poder definir, extraer y manipular los datos de la base en el lenguaje de programación anfitrión.

El programador debe poder efectuar llamadas a la base de datos desde un programa mediante las facilidades que le proporciona el SGBD. A este conjunto de sentencias de manipulación de un SGBD que permite el acceso a la base se llama sublenguaje de datos o lenguaje huésped. Este lenguaje ha de compilarse de forma diferente a la habitual.

Los precompiladores separan las sentencias del lenguaje de datos y las sustituyen por llamadas de procedimientos, para que el programa pueda ser compilado y enlazado con los módulos objeto del lenguaje de datos, y poder obtener un programa que se pueda ejecutar.

Este conjunto de aplicaciones que están desarrolladas mediante estas herramientas se encontrarán en explotación del sistema, pudiendo hacer uso de la información de la base de datos.

3.6. Aplicación de normas vigentes de seguridad y confidencialidad en el manejo de datos

El artículo 32 del RGPD establece que las medidas técnicas y organizativas apropiadas para garantizar el nivel de seguridad se definen en función del estado de la técnica, los costes de aplicación, la naturaleza, el alcance, el contexto y los fines del tratamiento, así como los riesgos de probabilidad y gravedad variables para los derechos y libertades de las personas. No se establecen medidas de seguridad estáticas. Le corresponderá al responsable determinar aquellas medidas de seguridad que son necesarias para garantizar la confidencialidad, la integridad y la disponibilidad de los datos personales. De este modo, un mismo tratamiento de datos puede implicar medidas de seguridad distintas en función de las especificidades concretas en las que tiene lugar dicho tratamiento de datos.

El responsable de seguridad en las organizaciones es una figura clave en cuanto a la aplicación de las medidas de seguridad. Debe ser conocido por todo el personal y debe determinar las decisiones para satisfacer los requisitos de seguridad de la información y los servicios (*Artículo 10, Real Decreto 3/2010, de 8 de enero por el que se regula el Esquema Nacional de Seguridad en el ámbito de la Administración Electrónica*).

El papel que se le asigna al responsable de seguridad es distinto del que tiene el delegado de protección de datos (DPD), ya que este último está orientado al asesoramiento al responsable (en lo referente a tratamiento de datos personales).

Es necesario comprender la necesidad de controlar el acceso a la información almacenada por parte de los usuarios no autorizados, así como las capacidades que tiene un sistema de gestión de bases de datos para establecer la seguridad y privacidad de los datos almacenados.

La seguridad en sistemas de bases de datos multiusuario es muy importante, ya que distintos usuarios usan la misma base de datos integrada y la información confidencial debe ocultarse a la mayoría de los usuarios, como por ejemplo el sueldo de un trabajador.

Proteger de forma total y absoluta una base de datos es una misión imposible. Sin embargo, se puede intentar disuadir a los intrusos aumentando el coste de realizar accesos no autorizados.

El ámbito de la seguridad de las bases de datos es amplio y abarca aspectos relacionados con el hardware, software, personas y datos:

- Aspectos legales, sociales y éticos.
- Política gubernamental, institucional o corporativa: determinar qué información no debe estar disponible al público, como los historiales médicos.
- Controles físicos: decidir cómo proteger físicamente las salas donde están ubicados los equipos informáticos.
- Control del sistema operativo: usar contraseñas y mecanismos para mantenerlas en secreto, determinar la frecuencia en la que deben cambiarse...
- Seguridad en la red: es fundamental a nivel de software, tanto en Internet como en las redes privadas de las organizaciones.
- Aspectos específicos del sistema: concepto de la propiedad de la información, evitar que los usuarios puedan acceder a distintas partes de la base de datos y limitar las operaciones que pueden llevar a cabo los usuarios.

En relación al Sistema de Gestión de Bases de Datos (SGBD) se debe mantener la información de los usuarios, el tipo, los accesos y la información que les son permitidas.

Tipos de usuarios:

- Usuarios con derecho a crear, borrar, modificar objeto y conceder privilegios a otros usuarios sobre los objetos que ha creado.
- Usuarios con derecho a consultar o a actualizar y sin derecho a crear o borra objetos.

Las medidas de **seguridad** son claves para garantizar el derecho a la protección de los datos. Para ellos es necesario garantizar la confidencialidad, integridad y disponibilidad de los datos.

Cuando hablamos de seguridad estamos refiriéndonos a la protección de datos contra la revelación o destrucción no autorizada. Hay que asegurar que los usuarios estén autorizados para hacer lo quieren hacer.

Si hablamos de **integridad,** nos referimos a la exactitud o validez de los datos. Hay que asegurar que lo que tratan de hacer los usuarios es lo correcto y evitar la pérdida total de la consistencia.

Existen ciertos aspectos que afectan a ambos conceptos:

- El sistema debe conocer las restricciones que los usuarios no pueden violar.
- Las restricciones deben ser especificadas en el lenguaje apropiado.
- Las restricciones tienen que ser almacenadas en el catálogo del sistema.
- El SGBD se encarga de supervisar la interacción de cada usuario con la base de datos, para controlar que se cumplan las restricciones.

Los SGBD modernos deben contar con estos mecanismos de seguridad:

- Control discrecional.
- Control obligatorio.

Mediante estos mecanismos se puede especificar que usuarios tienen acceso a qué datos, y cuáles son las operaciones que se pueden realizar sobre dichos datos.

El **Administrador de la base de datos** (ABD) es la autoridad central responsable de la seguridad global del sistema de bases de datos.

Dispone de una cuenta privilegiada, o de sistema, desde la que puede:

- Crear cuentas de usuario para acceder a la base de datos (Control global).
- Conceder y cancelar privilegios a las cuentas de los usuarios (Control discrecional).
- Asignar datos a niveles de seguridad (Control obligatorio).
- Asignar cuentas de usuario a niveles de seguridad o acreditación.

Control de acceso al sistema global

Trata de evitar que el personal no autorizado acceda a la base de datos.

Se implementa mediante;

- Tabla cifrada con atributos: cuenta y contraseña.
- Tabla almacenada en el catálogo del SGBD.

Para llevar a cabo la **autenticación** de los usuarios:

Para entrar al sistema, el usuario debe facilitar al SGBD su cuenta e introducir su contraseña. Una vez validados los datos, el usuario puede usar el SGBD y acceder a la información que desee.

Se lleva a cabo un control de todas las operaciones realizadas por el usuario en cada sesión. Se realiza mediante la asociación del terminal en el que el usuario se conecta. Así, todas las operaciones que se lleven a cabo desde ese terminal se atribuyen a la cuenta del usuario hasta que finalice la sesión.

El ABD tendrá conocimiento de aquellas operaciones no autorizadas sobre la base de datos y quién las hizo.

Control de acceso obligatorio

Se establece un nivel de seguridad multinivel. Es necesario en aplicaciones gubernamentales, militares o de grandes corporaciones. Suele combinarse con el acceso discrecional. Aun así, la mayoría de SGBD solo ofrece el acceso discrecional.

Se clasifican los datos y usuarios en niveles de seguridad:

- Cada objeto es etiquetado con un nivel de seguridad.
- Se asigna a cada usuario un nivel de acreditación.
- Cada objeto de datos solo será accesible para usuarios que tengan la acreditación correspondiente.

Se establecen **niveles de seguridad** (alto secreto, secreto, confidencial y no clasificado)

El modelo de seguridad multinivel asigna a cada sujeto (usuario o programa) y a cada objeto un nivel de seguridad.

Control de acceso discrecional

Lo puede soportar la mayoría de SGBD. Está basado en **privilegios**.

Un privilegio es un derecho de acceso a autorización para realizar una determinada operación sobre ciertos datos.

- Un usuario puede tener varios privilegios sobre distintos objetos de una base de datos.
- Diferentes usuarios pueden tener distintos privilegios sobre un mismo objeto.

Existen dos tipos de privilegios:

Privilegio **en el nivel de cuenta.**

Son los privilegios de la cuenta de cada usuario, que son independientes de los privilegios de bases de datos existentes.

Son específicos de cada SGBD comercial particular. No están definidos en el estándar **SQL-92** (la tercera revisión del lenguaje SQL).

Privilegio **en el nivel de objeto** de la base de datos.

Son aquellos que permiten especificar qué usuarios tienen qué privilegio y sobre qué objetos concreto.

Estos privilegios sí están definidos en el estándar SQL-92.

Ejemplo: el privilegio de consultar la tabla de otro usuario.

* Se define **permiso** como el privilegio de acceso a objeto y datos de la base de datos y rol como el conjunto de privilegios agrupados.

Para finalizar con la seguridad, es necesario el seguimiento de una **auditoría.**

Es necesaria si los datos son muy delicados o si en el procesamiento se han llevado procesos críticos.

Una auditoría es una revisión de los permisos de cada usuario y de los ficheros del sistema con el propósito de detectar agujeros de seguridad.

Se trata de mantener un fichero especial donde el sistema va registrando de forma automática todas las interacciones de los usuarios con la información que está almacenada en la base de datos.

Esto permite verificar que todo está en orden, descubrir si alguien ha accedido al sistema de forma ilegal o si se han realizado operaciones sin autorización.

Cada entrada en el fichero debe contener los siguientes datos:

- Operación realizada.
- Terminal donde se realizó la operación.
- Usuario que solicitó la operación.
- Fecha y la hora de la operación.
- Objetos afectados: tablas, duplas, atributos...
- El anterior y el nuevo valor de los datos.

Además de realizar una auditoría, existen otras aspectos de seguridad como son el **cifrado de datos:** esquemas de cifrado y encriptación de clave pública.

EJERCICIOS

3.1. Microsoft SQL Server es un lenguaje:

a) Relacional.

b) Documental.

c) Jerárquico.

3.2. Los componentes de una tabla en una base de datos son:

a) Índices.

b) Una serie de campos y registros.

c) Claves.

3.3. El tipo de relaciones en una base de datos pueden ser:

a) De uno a uno

b) De uno a muchos.

c) De muchos a muchos.

d) Todas son correctas.

3.4. El índice en una base de datos se usa para :

a) Es un mecanismo para acelerar la recuperación de información.

b) Crear bases de datos.

c) Establecer el orden en el que se almacenan las filas de una tabla.

d) a y c son correctas.

3.5. La parte de la sentencia SQL llamada DINSTICT nos indica:

a) Que queremos seleccionar todos los valores.

b) Que queremos seleccionar solo los valores distintos.

c) Que queremos agrupar los datos de una determinada manera.

d) Que queremos indicar una condición que debe cumplirse.

3.6. La cláusula WHERE nos permite:

a) Filtrar el resultado de la sentencia SELECT.

b) Filtrar los datos antes de ser devueltos por la consulta.

c) Especificar una o varias condiciones que deben cumplirse para que la sentencia SELECT devuelva los datos.

d) Todas son correctas.

3.7. Indica cuál de estas afirmaciones no es correcta:

a) El administrador de bases de datos determina quiénes son los propietarios de los datos y quiénes tienen acceso.

b) La información sobre los derechos de acceso a los datos es mantenida por el usuario en el diccionario de datos.

c) El propietario puede otorgar el acceso a los datos a otros miembros de la organización.

3.8. Las columnas de una tabla de una base de datos se ordenan:

a) De forma horizontal de izquierda a derecha.

b) De forma vertical de arriba abajo.

c) Según la clave primaria de la tabla.

3.9. Los informes en una base de datos nos permiten:

a) Comparar, resumir y calcular subtotales a partir de grandes cantidades de datos.

b) Resumir y presentar los datos en las tablas.

c) Pueden generar facturas, pedidos otro tipo de documentos útiles.

d) Todas son correctas.

3.10. Según la variabilidad de los datos, las bases de datos se pueden clasificar en:

a) Bases de datos con información factual.

b) Directorios.

c) Bases de datos documentales.

d) Ninguna es correcta.